U0608024

本书系国家自然科学基金优秀青年科学基金项目"社会治理创新研究"（课题号：72022016）；浙江省杰出青年科学基金项目"社会组织参与社会治理的共治机制研究"（课题号：LR20G030002）；国家社科基金重点项目"促进全体人民共同富裕：浙江共同富裕体制机制研究"（课题号：22AZD019）的阶段性资助成果

◆ ◆ ◆

沈永东，管理学博士。浙江大学公共管理学院长聘副教授，国家优秀青年科学基金获得者。浙江大学社会治理研究院副院长，教育部–浙江省"省部共建社会组织与社会治理协同创新中心"执行主任，*Journal of Chinese Governance* 编辑部主任，民政部社会组织管理局社会组织专家咨询委员会委员，中国慈善联合会第二届学术委员会副主任委员，浙江省人民政府咨询委员会特约研究员、浙江省商会发展研究院院长。主要研究方向为社会组织与社会治理、社会治理创新、国家与社会关系等。主持国家自然科学基金优秀青年科学基金项目、国家社会科学基金重点项目等。著有《中国行业协会商会政策参与：国家与社会关系的视角》《浙江社会组织发展蓝皮书（2016—2020）》，出版新编高等学校公共管理专业精品教材《社会组织管理》（副主编）。在《管理世界》《政治学研究》《经济社会体制比较》《中国行政管理》，*Public Administration Review, Public Management Review, NVSQ, China Quarterly* 等国内外期刊上发表研究论文30余篇，研究成果获第八届教育部高等学校科学研究优秀成果奖（人文社会科学）二等奖、浙江省第二十一届哲学社会科学优秀成果奖一等奖。

浙江智库
ZHEJIANG THINK TANK

求是智库
ZJU Think Tank

社会治理创新研究系列丛书

社会组织参与
社会治理创新

理论与实践

沈永东　著

ZHEJIANG UNIVERSITY PRESS
浙江大学出版社
·杭州·

序

　　《社会组织参与社会治理创新：理论与实践》一书，是浙江大学公共管理学院长聘副教授沈永东观察和研究中国社会组织与社会治理的最新成果。永东自 2009 年从武汉大学免试推研到浙江大学，加入我的研究团队开展社会组织与社会治理学习研究，后硕转博以行业协会商会发展为研究对象，完成他的博士论文。之后，他在社会组织与社会治理研究领域持续精耕细作，将研究对象从行业协会商会拓展到社区社会组织、基金会、社会服务机构（民办非企业单位）、环境科技类协会社团等，研究视域也从我国社会组织发展相对活跃的先发地区扩展到全国区域间比较研究，对中国社会组织参与社会治理的理论与实践进行了全面系统、持续深入的跟踪与思考，并取得了丰硕成果。十多年间，永东出版了多部著作，发表了数十篇中英文研究论文，为我国社会组织发展与社会治理创新做出了积极贡献。作为他曾经的导师，我十分欣喜地见证了他的学术成长过程。

　　本书付梓之际，我国已经开启了全面建设社会主义现代化国家新征程、进入高质量发展建设共同富裕的新阶段。社会组织发展与富有活力的市场经济、卓有成效的政府变革一起，同属全面建成小康社会的重要成就，也是今后扎实推动共同富裕的重要保证。党的二十大报告提出，完善社会治理体系，健全共建共治共享的社会治理制度，提升社会治理效能，畅通和规范群众诉求表达、利益协调、权益保障通道，建设人人有责、人人尽责、人人享有的社会治理共同体。社会组织是社会治理共同体的重要组成部分，也是现代社会治理不可或缺的重要主体，更是解放和激发社会活力的重要途径。为推进国家治理体系和治理能力现代化，社会组织在社区服务、行业发展、应急救援、社会公益、脱贫攻坚、疫情防控等领域发挥了广泛积极的作用。

从总体上看，推动社会组织参与社会治理取得实质性进展，要求政府有序向社会赋权、激发社会组织活力、做优做强社会组织功能，不断优化社会组织参与社会治理的制度环境与政策体系。党的十八大以来，围绕培育发展社会组织，我国政府推出直接注册登记、税收优惠、购买服务、综合监管等多项举措，重点培育和优先发展行业协会商会类、科技类、公益慈善类、城乡社区服务类社会组织，不同类型社会组织在推动经济发展、提升社会治理、助力决胜脱贫攻坚等方面取得了大量的实践成就，这无疑为社会组织参与社会治理、推动共同富裕奠定了坚实基础。

相较于行政机制与市场机制，社会机制在社会治理中的重要作用早已被诺贝尔经济学奖获得者埃莉诺·奥斯特罗姆（Elinor Ostrom）在《公共事务的治理之道：集体行动制度的演进》一书中所证实。然而，社会机制的良好运作嵌合在依赖于行政机制的制度建设与执行和基于市场机制的激励结构之中。社会组织的组成和运行在很大程度上是社会机制在利益相关者之间发挥作用的结果。全球非营利组织研究的著名学者莱斯特·萨拉蒙（Lester Salamon）提出了社会组织的志愿失灵概念，并据此提出社会组织与公共部门的合作伙伴关系。随着企业社会责任与社会企业的兴起，商业与公益相融合，社企共赢模式正在得以实践。政府、企业与社会组织多元主体跨部门协作互动，行政、市场和社会多种机制的互补嵌合已然成为社会治理的共建共治共享之道。尽管如此，由于社会组织地位不高、资源匮乏、结构失衡等原因，社会组织仍未能在社会治理中发挥应有作用，社会组织在社会治理中的作用发挥还面临着相当大的约束。

对于仍属于发展中国家的中国而言,如何激发社会组织参与社会治理?这既需要社会组织自身的努力,也需要社会组织所处的外部制度环境优化,从而形成社会治理生态系统中多元主体良性互动。在这部新书中,沈永东致力于探索激发社会组织参与社会治理活力的中国方案,他从不同视角作了系统而全面的思考,即我们要最大限度地发挥党政部门的积极作用,激发党建引领社会组织参与社会治理的动力与创新,完善政府培育发展社会组织的政策体系与模式选择;也要提升社会组织自身发展与跨部门协同,构建支持型社会组织赋权赋能操作型社会组织参与社会治理,创新跨部门合作提升社会组织参与社会治理效能。同时,在数字化改革浪潮与共同富裕国家战略下,沈永东敏锐地捕捉到了当代中国社会组织参与社会治理的新机遇与新形态,分析了数字赋能社会组织参与社会治理的机制与挑战,以及推进共同富裕建设中社会组织参与社会治理的新定位。未来已来,我们正在迎来中国社会组织参与社会治理的大发展时代。

相较于政府与市场,社会组织具有非政府性、非营利性,更加注重社会价值。社会组织实务工作者需要有菩萨般的热切心肠、姜太公般的忍耐力深入基层走进社会,社会组织研究者同样需要对社会组织怀有偏爱执着的情怀与"板凳要坐十年冷"的意志力,才能在这一研究领域生根发芽、结出果实。本书的一大亮点就是将社会组织参与社会治理的理论研究与实践案例有机结合,通过引经据典、发展理论,到访谈调研、案例分析,大大增进了我们对于社会组织参与社会治理"中国方案"的理解。

沈永东是浙江大学社会治理研究院副院长、浙江省商会发展研究院院长,国家自然科学基金优秀青年科学基金项目获得者。十多年来,他的快速成长,见证了我国社会组织与社会治理事业的蓬勃发展。浙江大学于2006年设立社会组织研究中心,2018年扩展为社会治理研究院,这一研究机构忝列浙江省新型重点专业智库、教育部浙江省政府"省部共建社会组织与社会治理协同创新中心"。经过多年积蓄沉淀而厚积薄发,研究院在学术成果、社会影响力、国际影响力、政策咨询等方面取得长足发展，成为我国社会组织与社会治理研究重镇。我热切期待，《社会组织参与社会治理创新：理论与实践》一书作为研究院团队最新研究成果，能够成为记录中国社会组织发展的代表性著作，为社会各界共同推进社会组织发展、推动社会治理创新做出积极贡献。

郁建兴

2022 年 10 月 28 日于杭州

目　录

1

第一章　导　论

党的十八大以来,党和国家深入研究社会治理面临的新形势、新任务、新特点,着力推进社会治理理念创新、实践创新、制度创新。以党的十八届三中全会第一次明确提出"社会治理"为标志,中国社会建设实现了从"社会管理"到"社会治理"的新飞跃。完善和发展中国特色社会主义制度,推进国家治理体系和治理能力现代化是全面深化改革的总目标,而社会治理是国家治理体系与治理能力现代化的重要方面。党的二十大报告明确提出,完善社会治理体系,健全共建共治共享的社会治理制度,提升社会治理效能,畅通和规范群众诉求表达、利益协调、权益保障通道,建设人人有责、人人尽责、人人享有的社会治理共同体。社会组织是社会治理共同体的重要组成部分,也是推进社会治理创新的重要主体。

本章将讨论社会组织参与社会治理的理论基础与创新实践。首先,在相关理论基础上,探讨社会组织参与社会治理的三大领域(社会管理、社会共治、社会自治)及其作用发挥。其次,本章将以实践案例探讨社会组织参与社会治理的创新机制:协同机制、替代机制和补缺机制。最后,本章将探索以行政机制、市场机制与社群机制激发社会组织参与社会治理的有效路径。

第一节　社会组织参与社会治理的理论基础

社会组织是社会治理的重要主体，成为社会治理顶层设计中党总揽全局、协调各方的重要力量。从理论基础出发，本节内容将具体介绍社会组织为何以及如何参与社会治理，论证社会组织积极参与社会治理的三大领域，及其相较于社会治理其他主体的独特优势。

一、社会组织参与社会治理的理论流派

（一）市场失灵与政府失灵

"市场失灵"最早由美国法律经济学家亨利·汉斯曼（Henry Hansman）提出，是指市场无法有效率地分配商品和劳务的情况。公共服务供给领域的市场失灵原因主要有以下两点：一是由于公共产品具有非竞争性和非排他性，市场缺乏提供公共产品的积极性与主动性，造成市场并不能提供社会所需要的所有商品和服务，而只能满足那些具有购买能力的消费者需求，穷人需求往往被市场所忽视，存在供求矛盾；二是由于营利性企业与消费者之间存在信息不对称和信任缺失，如果公共服务是由营利性企业来提供，企业可能在利益最大化驱动下，利用信息优势欺骗消费者，对社会产生不利影响（Hansman，1980）。因此，市场主体在提供公共物品上具有局限性，社会组织的非营利性、自治性等特性使其能较好弥补市场主体的这些局限，并充分参与到公共物品和公共服务供给中来。

"政府失灵"最早由美国经济学家伯顿·韦斯布罗德（Burton Weisbrod）提出，是指政府为弥补市场失灵而对经济、社会生活进行干预，

但政府行为自身局限性和其他客观因素制约会产生新的缺陷，进而无法使社会资源配置效率达到最佳状态。公共服务领域的政府失灵通常是指以下两种情形：其一，政府干预达不到目标。政府管理的公共层次高、个性化弱，政府所提供的公共物品更偏重大多数人需要，无法解决社会运行的所有问题。公共利益是对所有个体利益的整体性抽象，如果政府在维护某些个体利益的同时，又没有办法补偿另一些个体的利益，就会被认为是政府失灵。其二，政府干预虽达到了预期目标，但成本高昂。政府部门垄断性地提供公共物品，缺乏市场竞争机制极易使政府丧失对效率和效益的追求，造成提供公共物品和公共服务的高成本。政府机构"层级化溢出效应"的蔓延，使组织规模臃肿、组织成本高昂、组织效率低下，自主性、挑战性等激励动力缺失，可能出现官僚主义问题。因此，政府在公共物品供给上存在着难以克服的弊端。社会组织能够与政府形成互补关系，来解决公共物品供给不足的问题。

总体来说，"市场失灵"与"政府失灵"理论奠定了社会组织在公共服务供给中的重要角色，是社会组织参与社会治理的重要理论依据。市场与政府在提供公共物品和公共服务上的局限性为社会组织参与提供了制度空间：一方面，社会组织能够克服市场失灵，提供除了只有服务使用者购买才能获取的服务；另一方面，社会组织能够克服政府失灵提供满足不同公民需求的多元化公共服务。亨利·汉斯曼甚至认为，社会组织受到公共服务购买者与使用者信任，能够成为公共服务的理想供给者。介于市场与政府之间的社会组织成为解决市场失灵与政府失灵的重要途径。

（二）新公共管理与新公共治理

新公共管理运动大量实践了政府委托社会组织开展公共服务供给。20 世纪 70 年代末 80 年代初，西方国家财政无法支撑巨大福利支出与庞大政府机构运作，引发了公共服务提供的困境，一场声势浩大的政府改革浪潮——新公共管理运动由此而起。政府以生产为导向,通过委托—代理关系,以市场竞争方式将公共服务外包给企业、社会组织等,通过加强对外包服务的绩效管理和输入输出控制,以提高公共服务的供给效率。

新公共治理理论改进了新公共管理理论中政府与社会组织合作供给公共服务的不足与挑战。根据 21 世纪国家在主体多元和复杂背景下执行公共政策和提供公共服务的现实需求,斯蒂芬·奥斯本(Stephen Osborne)提出的新公共治理理论成为当代公共管理的重要转型依据。新公共治理理论认为,要更加强调公共服务的过程与结果,而不是只有服务的输入与输出;服务供给者之间要相互合作,而非敌对竞争关系;要实施以服务为导向的战略,将提供公共服务的社会组织内外部环境结合起来,在将其整合的过程中加入价值,实现社会组织内部服务运作管理与外部服务提供相互动(竺乾威,2016)。

新公共管理理论与新公共治理理论对我国公共服务供给与组织间关系角色的定位有着重要的引导意义,论证了社会组织参与社会治理的合理性与可能性。社会组织在参与基层社会治理过程中,可以参与公共政策设计与制定、公共服务生产与递送等多环节,主体间构成自愿参与、互惠期望、资源共享和共同努力的关系,在合作中进一步促进公民参与,激发基层社会活力。

(三)第三方治理理论与合作生产理论

第三方治理最早由莱斯特·萨拉蒙(Lester Salamon)提出,即指政府依赖第三部门来供给政府授权或财政资助的公共服务,旨在强调通过第三部门的制度安排来解决公共服务供给的复杂性与多元化。其中,社会组织是最重要的第三方机构,是参加第三方治理体系的最自然候选人,形成了精巧的第三方治理体系(Salamon,2008)。第三方治理的优势体现在以下三点:首先,第三方治理允许在公共出资的服务供给中,出现一定程度的多样性和竞争性,从而提高效率、降低成本。其次,第三方治理能更加关注到处于弱势地位的群体,为这些群体提供服务。最后,政府与社会组织间可以构成相互依赖关系,社会组织的独立性并不会因此削弱(王达梅等,2020)。

合作生产的概念最早由埃莉诺·奥斯特罗姆(Elinor Ostrom)提出,用于说明公民、社会组织具备参与公共服务的潜在能力。埃莉诺·奥斯特罗姆(1996)认为,合作生产指用于生产商品或服务的投入是由不同组织成员贡献的过程(Ostrom,1996)。合作生产概念指出了公共物品与公共服务的提供者不是仅有政府这一常规生产者,公民及其组织也能在该过程中发挥作用(Brudney & England,1983),公共服务的价值就体现在公民的充分知情与积极参与,且合作生产的模式促进了政府与公民间协同增效(Ostrom,1996),有利于提高公共服务提供的有效性和创新性(Osborne et al.,2013;Bovaird et al.,2015)。同时,也有学者关注到合作生产的社会价值内涵,强调合作生产的核心是协作和参与,这个过程中也是对政府、公民、社会组织等主体在服务过程中角色重新定位,能够重振志愿参与与社会凝聚力(Bryson et. al.,2014)。

第三方治理和合作生产理论在理论层面上总结了社会组织参与基层治理的独特优势,社会组织能够在基层社会治理中发挥资源优势,满足个性化公共服务需求,激发基层活力并拓展精细化治理。

二、社会组织参与社会治理的三大领域

近年来,社会治理重心不断向基层下移,城乡基层治理体系日益完善。在具体社会事务治理中,社会治理包含了三个层次的内容:党委政府对社会的管理,党委政府与社会的共治,以及社会自主治理。有学者将基层社会治理归纳为社会管理、社会共治与社会自治三大领域(郁建兴、任杰,

2020;沈永东、应新安,2020)(见图1.1)。社会管理是指政府对社会公共事务进行管理的领域,社会治理的主要设计者、实施者是政府。社会共治是指政府、企业和社会组织等主体能够共同参与、发挥各自长处的治理领域,多元主体成为社会治理的共同设计者、共同实施者和共同管理者。社会自治是指社会力量自主治理的领域,社会治理的主要设计者、实施者都是社会自身。

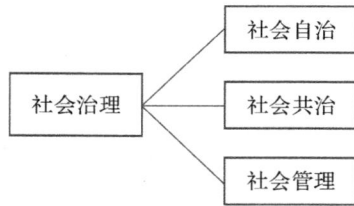

图1.1　社会组织参与社会治理的三大领域

郁建兴和任杰(2020)提出,对西方国家来说,政府对社会的管理、政府与社会多元主体共治和社会自主治理是一个共时态存在。而对于当代中国而言,这一框架既是一个共时态的社会治理现实,更是一个历时态的价值取向,展现了中国从社会管控到社会治理的动态过程。所以我们更应当强调在社会治理中发挥社会主体的作用,特别是在社会共治和社会自治领域充分激发社会组织参与社会治理的活力。

(一)社会组织参与社会管理

随着社会组织自身发展愈发完善,其提供公共产品或公共服务的能力水平不断提高,比起政府直接供给公共服务的效率更高、效果更好,也能够承接更多政府转移的职能。过去由单一政府进行社会管理、直接提供服务的成本高,社会管理效果有限,因此政府积极转变自身角色,通过购买服务、政府职能转移等方式将解决社会问题、管理社会事务的部分职能转移给市场主体或社会主体,在调解矛盾纠纷、维护公共安全、开展防灾救灾等社会管理领域都有所实践。

社会组织积极参与社会管理,有效提高了政府对社会事务处理的效率与效果,提升了基层社会治理参与度。如浙江省温州市异地商会协助当地政府为外地务工人员提供法律援助和矛盾调解,有效预防群体性事件发生。温州市安徽商会积极配合温州市、安徽省两地政府,成立人民调解委员会和法律援助中心,积极开展法律宣传工作,商会法律顾问每个周末定期到商会值班,免费提供法律咨询与法律援助业务,最大限度避免冲突。从2004年至2021年,温州市安徽商会共接受交通事故、劳资纠纷、合同纠纷等法律来电咨询及上门求助7500余起,提供代写文书1896份,办理法律援助调解案件147起,挽回各项经济损失(含劝新冠肺炎疫情防控期间投厂生产抗疫物资)3.8亿元,有效化解社会潜在矛盾,成为社会稳定的"安全绳",为社会管理良好发展提供了可借鉴模式。

(二)社会组织参与社会共治

以多元主体共同治理为特征的社会共治是国家治理体系和治理能力现代化的重要方面,也是政府与社会共同推进的治理领域。现代社会复杂多样化的发展趋势使现代社会的决策变得愈加困难,尤其是在公共服务需求和评价标准多样性、个性化特征突出的社会共治领域,单一主体的治理行为显得捉襟见肘,难以达到有效治理。需要更多具有专业经验,特别是信息、专门技术知识和不同意见的合作主体参与,需要社会更多地参与秩序整合,以及社会各方面对公共事务承担责任。

在社会组织积极参与社会共治领域中,社会组织既能吸纳来自社会的公益资源,同时也能在治理主体间搭建起合作桥梁,推进社会共治。如上海洋泾社区公益基金会与洋泾辖区内的中学及云南文山州社工机构开展合作,主办"少年阅读说"项目,引导中学生开展"阅读—探索—服务"。该项目先是让学生在阅读中提升自身对社区文化的了解,再积极开展社区服务将社区文化传递给社区居民，通过组织"一同保护银杏树"活动，介绍洋泾与古银杏的历史情缘，让小朋友用画笔在纸扇上描绘银杏优美的风韵，让家长和孩子在银杏树下共同回顾千年古树的历史。"少年阅读说"项目积极改善社会整体文化氛围提升了居民群众对所处社区的认同感与归属感，有效激发了基层活力。

（三）社会组织参与社会自治

在基层自治制度的具体实施中，我们过去多将社会自治理解为社区（农村）民主选举，而较少关注民主决策、民主管理、民主监督。基层群众自治理应包括民主选举，也包括民主决策、民主管理、民主监督，还包括群众自我管理、自我教育、自我服务、自我提高等一系列内容（郁建兴、任杰，2018）。

在社会自治领域，政府力量不能有效提供直接面向城乡社区民众的服务项目，如社区自我治理、弱势群体服务、构建社会诚信体系等社会事务。社会自治是政府力量未能涉足或作用受限，同时市场力量缺乏利益驱动，没有动力提供社会自治服务的领域。因此，在社会自治领域多依赖志愿者、社区居民等社会群体的自主力量，群众自治性、互助性、公益性的特点突出。但过去纯粹由公民自发的自治往往面临志愿者群体规模小、志愿活动管理困难、社区自治能力不足、缺乏长期自治动力等现实问题，自我治理效果受限。

社会组织积极参与社会自治领域，能够以常态化有效运行的形式，营造社会资本、协调社会关系，并有针对性地解决现实问题，增强社会自治的能力与活力。如浙江嘉兴桐乡市的南宫社区"乌镇管家"队伍，就是由当地的社区干部、三小组长、党员、新居民、行业商家等主体共同组成的一个组织。"乌镇管家"自发引导群众、协调社会关系、解决社区问题，在2018年6月，充分利用组织内人员地熟、人熟、情况熟的优势，顺利完成老街改造，改造过程中未发生一起投诉；针对本地电瓶车守法率偏低的情况，"乌镇管家"自制短片以案释法，在社区各个小区及主干道路进行播放宣传，教育居民自觉配戴头盔、守法骑行。

三、社会组织参与社会治理的作用发挥

随着现代政府向社会让渡部分服务空间，社会组织等社会力量已然嵌入社会治理网络及其社会关系与结果之中。过去我们多关注社会组织的工具性价值，即社会组织开展公共服务供给，在社会治理中扮演服务性角色，但社会组织还具备更多的社会性价值，能够在自身发展的同时助推社会发展。由此，社会组织在社会治理的作用发挥体现在工具性价值和社会性价值两方面：一方面，社会组织可以完成公共服务供给等工具性价值的任务，协助政府发挥组织赋权作用，进而提升社会治理的有效性（周俊、赵晓翠，2022）；另一方面，社会组织也展现出自我组织、自我服务、自我管理的实际能力，能在社会治理中发挥更大的社会性价值，提升社会治理活力（纪莺莺，2016；关爽、郁建兴，2016；汪锦军，2015；张静，2015）。其具体体现在提供公共服务、协商公共事务、构筑社会资本、动员社会资源和促进社会和谐等五个方面（见图1.2）。

（一）提供公共服务

社会组织在提供公共物品和公共服务上具有广泛性、回应性和专业性的特点。社会组织凭借组织灵活、业务多样的优势，能够更好地满足人群多样化的公共服务需求，丰富公共物品的供给与选择，提高公共服务的质量与效率。根植于基层社会的特点也让社会组织能对公共需求做出快速回应，对社会需求具备敏感性，能促进社会创新，这有效调动了基层社会活力，实现了社会资源的有效利用。如浙江省杭州市上城区清波街道劳动路

社区张能庆公益服务站自 2013 年成立以来,关注城市社区老年人服务,以社区 60—70 岁老人组建银丝坊助老服务队,打造银丝坊公益理发项目,以"生活辅助、心理抚慰、科技助老"为宗旨,致力于社区治理与服务。通过银丝坊项目,让老人因理发汇聚,开展理发外的邻里守望,回忆青葱岁月,增进邻里关系;开展理发外的科技助老,帮助老年人跨越"数字鸿沟";开展养生讲座和心理健康服务,让老人身心更健康。

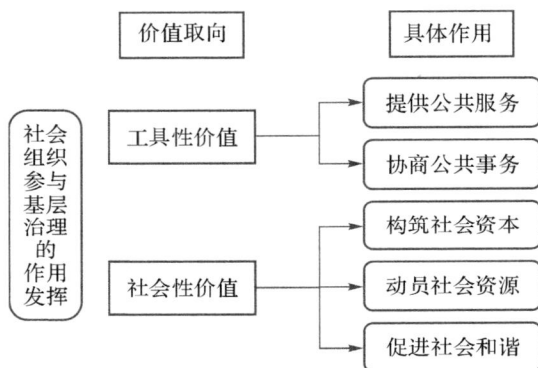

图 1.2　社会组织参与基层治理的作用发挥

(二)协商公共事务

社会组织在协商公共事务中发挥积极作用。一方面,社会组织在行业、社区等组织范围内进行矛盾调解和规范设计,促进居民自我管理,形成基层治理良好氛围;另一方面,社会组织能积极参与公共政策倡导,通过开展业务活动、参与意见征询、与政策制定者沟通等方式,直接或间接影响政策过程与结果,有效提高了公民参与的积极性与主动性。如浙江省杭州市拱墅区小河街道彩虹桥社会组织服务中心采用"红茶议事会"模式,通过专人引导社区协商、有效回应居民诉求、规范议事流程,让群众在轻松温暖的氛围中协商公共事务,有效协商了杭州市小河街道广兴新村老旧小区改造提升方案、万安商住楼治安管理等问题。截至 2021 年 12 月,"红茶议事会"共召开 125 场,参与协商 2018 人次,提出建议 2589 条,破解社区停车难、老旧小区改造等治理难题 300 余项。

(三)构筑社会资本

社会资本是指社会主体之间紧密联系的状态及其特征,其表现形式为社会网络、信任、共识与社会道德规范等。会员制社会组织为会员提供了联系与交流的平台;志愿型、公益型、社区社会组织通过志愿参与、利他互助等行为进行人际沟通,化解矛盾,实现团结;慈善救济社会组织则通过引导受助群体努力改变自己的现状,提高他们自力更生的意识,这在一定范围内激发了群体活力,助力基层社会治理。如浙江省杭州市上城区马奶奶社会工作室塑造"人人参与,人人共享"社群精神,依托"多彩公益圈"项目,构建幸福社区共同体,通过引入数字平台,培育社区志愿氛围。一方面,"多彩公益圈"为居民社群精神培育赋能,马奶奶工作室与浙江省美发美容行业协会的美业创新专委会服务队合作,先安排资深发型师对社区低保低边人员、残障困难群体开展美发技能公益培训,后与大师服务队共同为街坊邻居开展公益免费理发服务;另一方面,"多彩公益圈"制定了公益币兑换制度,使得参与"多彩公益圈"活动的单位和个人都能够得到相应的积分,贡献越多分值越高,获得的积分可以兑换社区周边的便民类服务、生活类商品和活动场地使用。

(四)动员社会资源

社会组织具有重要的社会资源动员功能。一方面,社会组织通过招募会员、开展业务活动、宣传公益慈善理念等方式动员公众参与;另一方面,社会组织通过与政府、市场等主体合作撬动多方资源,共同实现社会目标。社会组织的公益、志愿等特点使其在集合社会力量、筹集社会资金、吸纳社会资源等方面具有独特优势,有效激发基层社会治理活力。如新冠肺炎疫情发生后，由中国青少年发展基金会、中国扶贫基金会等六家基金会于2013年联合发起成立的基金会救灾协调会于2020年2月正式启动"社会组织抗击新冠肺炎疫情协作网络"（CNC-COVID-19，简称"协作网络"）。协作网络旨在通过一线行动信息分享、一线行动专家陪伴、社会组织多元价值的传播和倡导，以及公共卫生危机响应的国际交流，在相对较长的一个响应期间，推动社会组织应急协同体系的建设。自协作网络启动以来，共有68家机构加入网络，进一步集合了社会力量，动员社会资源，促进社会组织之间互通信息、信任互增与行动协调。

（五）促进社会和谐

社会组织在促进社会和谐方面的作用日益凸显。一方面，社会组织的发展解决和安置了大量社会富余劳动力，截至2021年年底，全国共有社会组织90.2万个，吸纳社会各类人员就业810.4万人，平均每个组织的就业人数约为12人，为城乡社区提供服务的社会组织呈现出吸纳就业人数的容载量高的特点；另一方面，社会组织充分发挥社会力量在社会发展中的作用，以公共利益为出发点，以实现社会公平为目的，在人与人、人与社会、人与自然之间搭建理解互动的桥梁，同时也化解社会不安定因素，维护社会稳定，促进社会的和谐可持续发展。如浙江省"绿色浙江"是一家专业从事生态环境服务的科技类社团，自2019年起"绿色浙江"扎根杭州市余杭区百丈镇助力基层社会治理，开展持续性基层服务，积极促进社会和谐。通过在乡村建立联系科技社团的强大平台，加强基层科协队伍人员力量；通过运营镇社会组织服务中心，为科技社团提供有效的服务基层载体；通过全面梳理乡村科技志愿服务需求侧清单，提高农村居民科学素质与乡风文明。

第二节 社会组织参与社会治理的创新机制

在社会组织参与社会治理实践中,各级党委政府往往通过党建引领、购买服务、政府职能转移、公益创投等多种方式来培育社会组织参与社会治理创新。但在实践过程中,也暴露出许多问题:一方面,社会组织被动接受任务,自身动力不足、与社会需求衔接不到位等因素导致社会组织参与社会治理的效率低下;另一方面,社会组织的整体社会认知度不高,政府与社会对社会组织参与社会治理的领域与作用发挥认识不完善,未能充分激发社会组织参与社会治理的活力。

因此,我们有必要系统梳理社会组织参与社会治理的有效机制与创新经验,通过参与机制创新推动社会组织参与社会治理的创新,进一步增强社会组织在社会治理中的桥梁纽带和治理主体作用,凸显社会组织的治理成效和社会价值,激发社会活力。汪锦军(2009)提出社会组织可以通过协同增效、服务替代和拾遗补缺三种模式参与公共服务、开展社会治理。在此基础上,我们根据社会组织在基层社会治理中参与领域和作用角色不同,将社会组织参与基层社会治理的创新机制细分为协同机制、替代机制和补缺机制(见图 1.3)。

一、社会组织参与社会治理的协同机制

对于单一治理主体作用受限、无法达到有效治理的社会共治领域,社会组织与其他主体共同努力,信息共享,资源共补,责任共担,有效发挥资源优势,形成均衡的资源依赖关系,合理参与治理的各环节,以应对公共问题和满足社会需要,由此构成社会组织参与基层治理的协同机制。按照不

同协同类型,可以进一步将社会组织参与社会治理分为应急性协同和常态化协同。

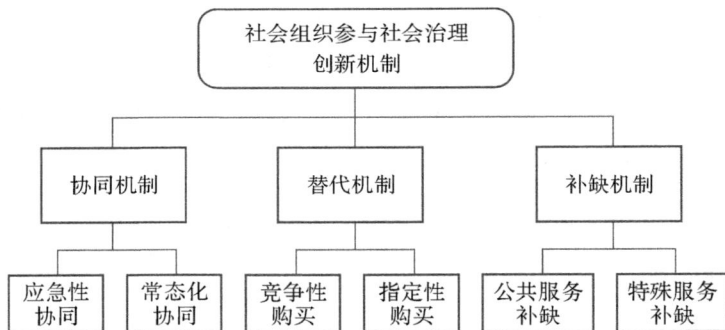

图 1.3　社会组织参与社会治理的创新机制

（一）应急性协同

应急性协同是指在危机事件下社会组织参与应急治理的行为。突发危机事件正日益成为影响社会发展的重要因素。《中华人民共和国突发事件应对法》规定:"突发事件是指突然发生,造成或者可能造成严重社会危害,需要采取应急处置措施予以应对的自然灾害、事故灾难、公共卫生事件和社会安全事件。"新冠肺炎疫情、汶川地震等危机事件在给人类生产、生活造成重大影响的同时,也使得社会组织迅速发展,从而积极参与社会治理,应对危机事件。

应急类社会组织成立的使命目标就是专门执行应急救援任务。其所建立的应急救援队伍,具有相较于政府而言更为专业的应急救援经验。社会组织能在危机事件应对中发挥灵活迅捷优势,成为户外遇险救援、城市救援、水上救援、防灾减灾的辅助保障力量。如浙江省公羊会公益救援促进会(简称浙江公羊队)专门开展户外山林山难应急救援、突发性城市应急救援、国家次生灾害抗险救援等公益救援行动。在新冠肺炎疫情期间,浙江公羊队主动承担社会责任,迅速组织、动员"抗疫物资捐赠"和"抗疫消杀"等工作,累计为湖北疫情严重地区和世界各国组织执行6架次国内专机、5架次国际航班和4批次货柜专车的防疫物资捐赠和运输工作;在"7·20"河南特大暴雨期间,浙江公羊队第一时间响应号召,连夜赶赴灾区进行救援,历时9天9夜,累计为河南郑州、新乡水淹区总排水307000方左右,空中转移危重病患36人,地面转移群众1000余人,空中投送物资1吨,开展防疫消杀20000多平方米。

(二)常态化协同

常态化协同是指权力自主、相互独立的政府与社会组织通过制度化规定实现相互合作。随着社会发展,社会结构日趋复杂,社会价值日趋多元,在公共服务需求和评价标准多样性和个性化特征突出的社会共治领域,单一主体的治理行为与治理作用有限,因此社会组织与政府在社会共治领域构建起制度化常态合作。如浙江恩宝公益基金会与浙江省民政厅签订"助力共同富裕全面合作协议",双方将充分发挥各自优势,按照"政社合作、共建共享、创新引领、社会协同"原则,在模式创新、资源配置、基层治理、社会参与、平台打造、"五社联动"、人才队伍等领域深入开展合作,助力共同富裕示范区建设。项目实施将重点向城乡社区、山区26县倾斜,在全面打造"善行浙江",助力共同富裕示范区建设进程中发挥社会组织的重要作用。

二、社会组织参与社会治理的替代机制

当社会组织提供公共服务的效率更高、效果更好时,政府会把原来由政府提供的公共服务转给社会组织,与社会组织形成委托—代理关系,此时便构成了社会组织参与社会治理的替代机制。成为公共服务供给者后,社会组织通过提升服务能力与服务效率,优化资金等资源配置,提升公共服务的供给水平。按照不同购买方式,可以将替代机制进一步细分为竞争

性购买和指定性购买。

（一）竞争性购买

竞争性购买是指在多个社会组织都有能力提供某项公共服务的情况下，政府在社会组织间引入市场机制，通过服务能力和服务效率的竞争，选择最有效的社会组织，给予资金支持，让其在政府的要求下提供公共服务。

2012年以来，财政部和民政部联合推出"中央财政支持社会组织参与社会服务项目"，通过发展示范、承接社会服务试点、社会工作服务示范和人员培训示范等四大类项目，通过竞争选择、优中选优方式资助全国性社会组织、有较大影响力的地方性社会组织在相关重点地区开展社会服务，以鼓励社会组织积极参与社会服务，并引导地方政府以及社会各界构建起对社会组织的支持型发展环境。项目运行10年来，累计实施3546个项目，投入资金约27亿元，直接服务人数超1283万人，取得了显著的社会成效。

同时，地方政府还以公益创投形式在社会组织间引入良性竞争，以更好地实现社会组织参与社会治理。如浙江省杭州市余杭区每年都会开展"益余杭"公益创投评审会，以期提升公益性社会组织积极参与社会公益事业和民生服务的专业能力，满足社区居民的多样化需求。公益创投接受各公益社会组织报名参与，并通过初审筛选现场路演等环节评比出优质项目，为其提供孵化培育服务，催生出一个个民生公益项目精准落地、惠及居民，凝聚成社会建设和社会治理的一股重要力量；也能够让政府部门和社区等单位更了解社会组织提供公共服务的水平，提高政府服务购买质量，促进有效社会治理。

（二）指定性购买

指定性购买是指政府在某一公共服务领域，直接选择了具有某种特性的社会组织,政府向社会组织提供资金支持,让其提供某项特定的公共服务,双方建立起伙伴关系。同时,政府通过一定的监管制度,对该社会组织实施监管,从而使政府资助的资金用于公共服务目的。

社会矛盾在多领域频发,政府力量在其中有所局限,难以调解纷繁复杂的矛盾纠纷。为了维持社会稳定,政府更多地将矛盾纠纷调解工作委托给特定领域的社会组织。社会组织较政府而言更具专业性、亲民性和灵活性,在矛盾调解方面具有独特优势。如浙江温州商会积极帮助政府承担起行业纠纷第三方调解角色,化解社会矛盾。温州市政府委托温州市物流商会处理市运管局道路货物纠纷调解工作,调解道路货运纠纷成效显著;发挥温州市家电行业协会在处理家电事故中的鉴定专家组作用,让家电行业协会介入空调安装工坠亡事故、一家三口触电身亡事故、热水器烫伤事故的鉴定工作,协调处理三菱重工中央空调投诉问题。这些指定性购买有效利用了社会组织特有的专业性资源优势,并将其转化为治理优势,激发了基层活力。

三、社会组织参与社会治理的补缺机制

当社会组织在政府未能涉足或政府力量不足的社会自治领域开展公共服务、满足社会需求、弥补政府服务的不足时,就构成社会组织的补缺机制。同时,政府对社会组织的活动在法律上给予合法性和政策支持。按照服务性质不同,可以进一步将补缺机制分为公共服务补缺和特殊服务补缺。

(一)公共服务补缺

公共服务补缺是指社会组织提供了政府应该却未能有效供给的公共服务。社会组织充分认识到社会资本的重要作用,在政府行政力量干预失

效的情况下及时成立自治组织开展有效自治,自发运用社群机制,协调多方关系,同时以行政机制提供保障支持,实现运行的制度化。常态化治理下社区居民自我调解社会矛盾、解决社区问题、激发社区自治活力。如浙江省宁波市银巢养老服务中心以社区、老年大学等机构为单位,挖掘城市高知老人资源,以志愿服务为导向,以文化活动为载体,为乡村儿童、独居孤寡老人群体提供爱心服务,通过开展一系列文化课程、素质拓展、医疗服务以及科技沙龙等活动,实现城市高知老年人与农村老人的有效链接,发挥老年人志愿服务先锋代表作用,提升乡村居民生活的幸福感,助力乡村文明建设。

(二)特殊服务补缺

特殊服务补缺是指社会组织提供了政府未能关注到的公共服务。社会组织关注到自闭症儿童、残障人士等社会弱势群体,注意到了被忽视的特殊群体和实际需求,从而自发提供社会服务,深入基层社会。如浙江省微笑明天慈善基金会自 2013 年成立以来长期致力于头面部畸形公益活动,共帮助 7 万多名唇腭裂、小耳畸形、血管瘤、牙槽突裂、深覆合、牙齿前突、咬合错乱、牙列不齐等孩子修复了笑脸,改变了他们的未来;浙江大喇叭特殊儿童关爱中心是一所专门为特殊儿童设立,免费服务于以自闭症儿童为主的特殊儿童和家庭的服务机构,该组织通过艺术培养、感知训练、社会生活体验等方式,让特殊儿童能够认识社会、接触社会和融入社会;而由爱德基金会成立的全国首家为智障人士服务的社会企业"爱德面包房",是为智障人士进行职业训练和庇护性就业的工作坊,通过市场运营的方式为智障人士提供职业培训和就业机会,智障人士承担店内服务、曲奇制作、产品配送等工作,让他们通过工作打开与外界交流的窗口,智障人士也受到了社会更广泛的关注。

第三节 激发社会组织参与社会治理活力的有效路径

在加强和创新社会治理的国家战略布局下,社会组织依据自身治理优势,已成为社会治理的重要主体,是社会治理不可或缺的力量,也有效激发了基层社会活力。但在具体实践中,社会组织参与社会治理却面临着诸多挑战,社会组织的作用发挥也受到限制:一是党和政府对社会组织的重视程度与培育工作有待加强;二是社会组织自身参与社会治理的能力有待提升;三是整个社会的治理理念有待更新。

在社会治理中,治理机制可以归结为行政机制、市场机制和社群机制。行政机制是指政府主要通过自上而下颁布政策或指令推进社会治理创新。近年来,政府职能与行为方式逐渐转向服务型与善治型,以政策引导公共服务来满足公众需求(张乾友,2014;胡宁生、戴祥玉,2016)。市场机制是指主体间通过博弈和竞争的形式,构建起促进互相成长的良性竞争模式,更好参与社会治理(高传胜,2015;肖红军、阳镇,2019)。社群机制指相互密切关联的个体形成社群后能实现认同承诺、信息获取、沟通协调等社会互动,通过自我整合挖掘社会资本参与社会治理(Putnam,2001;Samuel,2004;栾晓峰,2017)。对此,本节将从行政机制、市场机制和社群机制三种治理机制出发,论述激发社会组织参与社会治理活力的有效路径。

一、以行政机制激发社会组织参与社会治理活力

在传统治理中,行政机制是最为主要的治理机制,通常是指党和政府以政策制定、行政指令、绩效考核等手段来应对基层事务、解决基层问题(孙涛、刘凤,2016)。随着社会治理格局逐渐从政府主导、政府负责,向有

限政府、共同参与转变,政府的职能和行为方式从统治型转向管理型,再转向善治型,政府的行政目的从控制转向服务与引导,治理思维从解决矛盾问题与回应公共服务需求并重,政府采取市场化手段提供公共服务,能够构建起与其他主体的合作空间(张乾友,2014)。在激发社会组织参与社会治理活动的过程中,党和政府可以运用行政机制完善对社会组织的培育扶持政策,做好社会组织参与社会治理的服务工作;社会组织也可以运用行政机制强化自身体制机制建设。

(一)党和政府依法监管,强化制度性保障

一是加大对社会组织依法监管和支持培育力度。对社会组织监管的重点是在登记、备案、年检、执法等方面,相关部门依法严格审查社会组织成立发起人和拟任负责人的资格背景、社会组织名称、章程和业务范围。在做好对社会组织常规监管的基础上,还要综合运用社会组织年检、评估、抽查、信用管理、行政处罚等手段,对社会组织开展活动、法人治理和财务管理、信息公开等情况进行检查,因时制宜、因地制宜,不断强化社会组织的事中事后监管,推动社会组织健康有序发展。同时,也要重点整治非法社会组织工作,关注境外社会组织活动,会同当地公安部门积极探索联合执法检查的协作机制,加大对非法社会组织活动线索的排查力度,对非法社会组织责任人进行信用管理,加强与新闻媒体的合作,联合惩戒,多措并举,整治非法社会组织,切实加大社会组织监管力度。

二是不断坚持完善政府购买公共服务制度。在不断加大政府购买力度和延伸购买服务内容的同时,需要规范对社会组织的筛选、审查和管理,制度化政府购买服务的流程,使政府行为有章可循。完善筛选标准,通过公开公平、竞争择优方式选择社会组织承接政府购买服务,促进优胜劣汰,推动政府职能转移的同时也可以反向促进社会组织自身能力提升,不断激发社会组织创新向上的活力,进而提升社会组织参与社会治理水平。

（二）社会组织强化自身体制机制建设

社会组织应加强自身建设，按照法律法规和组织章程，建立健全法人治理结构，提升组织内人员的专业化、职业化程度，建立专业的服务队伍；理顺组织内部的运行机制，包括人事制度、组织制度、岗位设置、经费筹集和经费使用等，严格财务管理制度，健全资产管理制度，提高财务管理的独立性、规范性，从根本上杜绝腐败现象的发生；健全民主管理机制，规范社会组织民主议事、民主决策的范围、程序和方法，加强协商民主建设，广泛开展社会组织内部协商，发挥桥梁纽带作用，积极参与社会事务；完善监督机制，使社会组织成为权责明确、运转协调、制衡有效的治理主体，强化自律意识、诚信建设，及时向组织成员、会员及社会公开信息，自觉接受组织成员、政府和社会的监督，提升社会组织在基层群众心目中的公信力，吸引更多群众加入社会组织、参与社会组织的活动。

（三）拓展社会组织参与社会治理的领域

社会治理现代化的一个重要评价维度就是精细化，即以满足社会合理需求、提高人民生活质量作为社会治理的出发点和归宿，着力于公共服务内容细化、深化。社会治理涉及社会自治、社会共治和社会管理三大领域，包括为老服务、社区环境、社区文化、社区治安、社区教育和流动人口管理等多个方面。社会对于多元化、精细化、高质量的社会产品（公共服务）需求较大，对于多路径、跨领域参与社会事务（公共事务）的需求也日趋强烈。相比于以往社会组织参与基层社会治理的领域常集中于文娱体健，新时代背景下社会组织更多地创新业务新领域，探索组织新方向，响应时代号召，充分发挥社会组织在共同富裕、乡村振兴、公共危机管理等领域的积极作用，进一步拓宽社会组织参与社会治理的广度。

二、以市场机制激发社会组织参与社会治理活力

市场机制在社会治理中同样发挥作用，市场主体间的博弈、沟通与协调，建立起各方行为责任的规范和缔约。孙涛和刘凤（2016）认为引入市场机制能让治理主体自主适应市场参数的动态变化，增强竞争力。在社会治理应用中，政府通过采购、项目补贴、定向资助、贷款贴息等方式，从服务提供者转为购买者与监督者，主要由市场主体和社会主体承接公共服务供给。特别是社会企业等新型社会组织有序发展，展现出包容性治理的有效优势，成为社会治理的新兴力量。在激发社会组织参与社会治理活力过程中，党和政府可以善用市场机制引导社会组织良性竞争，以激励和奖惩手段促进社会组织成长；社会组织自身可以积极加强自身专业化建设，提升市场竞争力。

（一）党和政府善用市场机制引导社会组织形成良性竞争的格局

政府作为投资方，完善公益创投制度，引入市场机制中的投资理念，通过相互竞争的形式在社会组织间进行项目筛选和组织竞争，以市场机制吸引社会组织参与、促进社会组织发展，除了资金支持，还提供管理和技术支持。政府还通过与被投资者建立长期的合作伙伴关系，达到促进社会组织能力建设和公益模式创新的目的。同时，政府还建立激励机制，在对社会组织进行审查评级时，运用市场机制中的激励理念，对评级较好的社会组织加大资金支持力度，给予一定物质激励和精神嘉奖，进而激发社会组织参与社会治理的活力，在社会组织间引导形成良性竞争的格局。

（二）社会组织加强专业化建设，提升市场竞争力

首先，人才是社会组织发展的基础，也是社会组织有效发挥功能的动

力源泉,社会组织要不断拓展专业人才的引进渠道,注重引进具有专业知识技能的人才,鼓励员工提升职业技能,全面推进社会组织人才队伍的专业化和职业化,不断提高参与社会治理的能力与水平。如浙江省开展社会工作领军人才选拔、为新引进的社会组织相关人才提供工作津贴补助及租房购房补贴、为社会组织在职员工通过继续教育取得相关专业学位或资格证书提供工作经费补助。[①] 上述方式进一步提升了社会工作的专业化、职业化水平,推进社会工作在社会治理和社会服务等领域中发挥专业作用,利用其专业优势参与社会治理,积极探索预案预警、应急处置、个案处理等显现专业化能力的方式,提高专业化水平。

其次,社会组织需要加强项目管理能力。项目管理是社会组织的核心运作内容,对社会组织完成使命、解决社会问题和实现持续发展具有重要意义。借鉴商业模型的落地执行模式,前期进行充分的市场调研并以此优化项目设计,明确项目检验标准,复盘项目成果,进而打造高质量有竞争力的品牌项目,提升社会组织的市场竞争力。如上海真爱梦想公益基金会(简称"真爱梦想")主要致力于改善中国乡村地区的素养教育现状,从单向提供教育产品转变为资源整合平台,将政府、学校、老师、捐赠人等作为"梦想合伙人",用搭建知识连锁店的方式实现梦想中心的标准化复制,构建企业化的治理结构,推动素养教育产品的共创。截至 2021 年 5 月 17 日,"真爱梦想"在全国 31 个省(区、市)累计建成"梦想中心"5225 间。

最后,将公益与商业相结合,探索转型社会企业新路子。在发展过程中,社会组织需要以优先追求社会效益为根本目标,持续使用商业手段提供公益产品或服务,解决社会问题、创新公共服务供给,实现"1＋1＞2"的效果。如公益宝贝是阿里巴巴首创的交易捐慈善模式,卖家自愿把店铺里

[①] 参见《浙江省民政厅关于印发"浙江省社会工作领军人才选拔办法"的通知》(浙民慈〔2021〕31号)、《桐乡市人民政府办公室关于印发"桐乡市社会工作专业人才引进和培育实施办法"的通知》(桐政办发〔2021〕11 号)、《关于印发"杭州市萧山区社会工作专业人才队伍建设实施细则"的通知》(萧民〔2021〕76 号)。

的商品设置成"公益宝贝"，同时设定一定的捐赠比例和相关公益项目。在商品成交后，平台会自动按照卖家设置的比例，捐赠一定数目的金额给商家指定的公益组织或公益项目，形成聚沙成塔的效应。截至2021年年底，共有228万个商家加入阿里"公益宝贝"计划，超过5亿淘宝天猫消费者为公益事业献出力量，累计帮扶约700万人次。又如蚂蚁金服的"蚂蚁森林"项目通过商业方式开启种树模式，用户可以在线上通过场景收获绿色能量，等虚拟树长成后，与公益合作伙伴在地球上种下一棵真树，其目的是带动全国人民坚持低碳减排。

（三）优化社会组织参与社会治理的方式

通过信息技术打造更为方便和快捷的基层治理参与方式，进一步激发社会组织参与基层治理的活力。随着互联网、大数据、云技术、物联网的迅速发展和广泛运用，智能化日益成为社会治理不可或缺的一部分，这也为社会组织参与社会治理提供了重要方式。在社会治理中，注重运用智能化手段推动社会治理创新，如以信息技术手段搭建统一平台与公共空间，为社会组织整合资源参与社会治理构建新渠道，打造社会组织参与社会治理的"线上＋线下、现场＋远程"双通道。社会组织可以巧妙利用市场机制，激励各主体积极参与社会治理。

社会组织以动员社区居民参与志愿活动的传统服务方式为主，常常面临动员难、服务力量不足的问题。通过利用市场机制，社会组织将居民的志愿服务转换为交易资本，形成流通的公益市场，促进资源有效配置。以浙江省杭州市为例，社会组织依托志愿汇和文明帮帮码等公益平台，志愿者们的志愿服务时数可以等额兑换公益币，凭借公益币，志愿者可以在指定地点兑换购买生活用品。这种方式充分调动了公众参与社会治理的积极性，有利于营造人人向善的社会氛围。同时，杭州市志愿者工作指导中心在2020年3月23日发布的《关于进一步规范杭州市志愿服务时长记录、加强志愿服务信用管理的公告》,志愿汇上线人脸识别签到功能,并规定自 2020 年 5 月 1 日起,只有通过志愿汇人脸识别签到方式记录的志愿服务时长才能用于申请享受杭州市积分落户、积分入学等各类公共政策[①],这极大助力了社会组织招募志愿者开展社会治理。

三、以社群机制激发社会组织参与社会治理活力

社会治理是一项复杂的系统工程,单靠政府部门或社会组织唱"独角戏",很难全面解决问题。广泛发动群众在内的多元力量,积极参与社会治理,是形成社会治理合力的关键。随着基层公共性的发育,社群机制也越来越多地发挥重要作用。社会力量通过自我整合,能够在宣传、引导、互动、博弈过程中建构公众认可的规范与秩序,其可能的活动空间包括提供公共服务、积累社会资本、拓展社会活动等。社会力量展现了自我组织、自我服务、自我管理的实际能力,分散的个体或组织形成社群后能进行认诺、信息获取、沟通协调等社会互动,通过自我整合挖掘社会资本参与社会治理,并在加强社会动员、表达利益诉求等方面发挥更大的社会性价值。在激发社会组织参与社会治理活力过程中,党和政府善用社群机制,加强对社会组织的党建工作,以党建引领扩大社群构建范围,密切社群联系;社会组织也要注重提升社会组织整合资源的能力,积极拓展社群关系。

(一)以党建为桥梁,强化政治引领与整合社群资源

党和政府结合社会组织特点开展党组织活动,发挥社会组织党建工作的引领作用,积极开展专业化志愿服务。首先,发挥社会组织人才、信息等

---

① 杭州市志愿者工作指导中心.关于进一步规范杭州市志愿服务时长记录、加强志愿服务信用管理的公告[EB/OL].(2022-03-24)[2022-08-07].https://mp.weixin.qq.com/s/bsfOnIjdMncVDg-H6fOR6g.

资源丰富的优势，主动与社区和其他领域党组织结对，共建社会组织社群，实现资源共享、信息互通、优势互补、社会共建。其次，强化社会组织中的党员先锋模范作用。全心全意为人民服务是党员最基本的义务，这也与社会组织的服务性功能不谋而合。在各类社会组织中，应充分发挥党员引领作用、领头雁带头作用。党员以身作则，积极带动组织成员、社会大众参与开展各类公益活动，推动建立人人向善的社会氛围，逐步形成党员在社会组织中的核心作用，强化党的领导。最后，以党建引领规范社会组织的正确发展，以党建工作积极扩大社会组织的社群建构和联系。

（二）社会组织积极提升自身整合资源的能力

社会组织积极构建与公民、与其他社会组织、与政府和社区、与企业等主体的社群关系，形成密切的伙伴关系，增强社会资本。拓展社会组织资金的来源渠道，进一步激发参与社会治理的活力。社会组织不能仅仅依靠政府"输血"来维持自我生存，而应在提升自身能力的基础上，利用专业优势，不断拓宽服务领域，通过正面宣传，吸引更多的社会资金向社会组织注资，与企业联动形成合力；使用互联网新技术创新募捐方式，推动社会创新理念传播，拓宽募捐渠道，扩大影响范围，提升自身造血能力。如在每年举办的中国公益慈善项目大赛中，社会组织除了通过项目选拔赢得大奖外，还可以参与大赛提供"社创种子培育计划"全过程植入多层次能力建设模块，包括资源对接、社会创新卓越案例学习、举办全国巡回分享会与特训营、监管评估等系列陪伴成长服务。

（三）全社会更新社会组织参与社会治理的理念认知

政府、公众、社会组织等多元主体需要同步转变治理理念，完善参与机制的顶层设计。在推进治理体系与治理能力现代化过程中，政府要及时转变角色定位，为社会组织的作用发挥提供空间，完善制度保障，加强政策宣传,普及社会组织基础知识,引导公众认同社会组织参与社会治理的主体地位,鼓励民众积极通过多种途径参与到社会治理的过程中。社会组织要树立起主动参与社会治理的意识,改变以往社会组织参与社会治理以被动性执行为主,对社会活力的带动作用弱等问题。在社会组织扎根基层的同时,也应强化参与意识、责任意识,致力于解决某个社区乃至某区域的普遍问题,深化参与社会治理的程度和深度。以浙江省杭州市拱墅区社会组织"作伴家庭服务中心"为例。该组织的创始人在成立之初仅是希望依托社区的场馆,为小区内双职工家庭提供一个隔代亲子早教场地。随着后续不断发展,作伴家庭服务中心逐渐演变为一家集亲子早教、亲子活动、教育讲座为一体的社会组织,辐射多个社区,并向孵化赋能这一方向不断努力,深度参与到基层社会治理过程中。

第四节　本书基本思路与篇章结构

本书立足于从全面建成小康社会到全面建设社会主义现代化国家的新时代背景,结合共同富裕目标下社会组织参与社会治理的新定位,从政策理论与实践经验两个层面,对社会组织参与社会治理创新这一核心议题进行多方位考察与全方位论证。基于国家治理体系与治理能力现代化的总体目标,本书试图系统梳理与阐释当代中国社会组织参与社会治理创新的理论基础与典型案例。本书的基本思路在于:第一,系统梳理和阐释社会组织参与社会治理的基础理论;第二,从党建引领视角出发,探讨党领导社会组织参与社会治理的时代变迁、动力模式与运行机制;第三,从政府支持视角出发,关注政府培育发展社会组织参与社会治理的政策工具与实践模式,及其产生的影响机制;第四,从社会组织自身视角出发,讨论如何激发社会组织参与社会治理活力,探索其可能的路径与机制;第五,从创新社会组织参与社会治理多元方式视角出发，考察跨部门合作与构建支持型社会组织提升社会组织参与社会治理的效能与水平；第六，思考数字技术如何更好赋能社会组织参与社会治理，进而构建社会组织参与社会治理的中国方案；第七，从全面建设社会组织现代化国家新征程与共同富裕国家战略的新定位，展望社会组织参与社会治理的未来发展方向。

围绕上述基本思路，本书的篇章结构具体安排如下：

第一章"导论"。本章着重探讨激发社会组织参与基层治理活力的理论、机制与路径，以及本书基本思路与篇章结构。基于社会组织参与基层治理的理论基础与作用发挥，本章以实践案例探讨了激发社会组织参与基层治理活力的协同、替代与补缺等三类创新机制，并提出从行政机制、市场机制和社群机制等路径出发，激发社会组织参与基层治理的活力。

第二章"党建引领社会组织参与社会治理"。本章着重探讨党建对社会组织参与社会治理的引领作用。充分发挥党建对社会组织参与社会治理的核心引领作用，既是推进新时代社会治理现代化的重要基石，也是提升社会组织能力的题中之义。本章在阐述不同时期党和社会组织关系特点的基础上，围绕党建引领社会组织参与社会治理的动力机制和创新模式，重点分析了党建引领社会组织参与社会治理的多元机制。

第三章"政府培育推进社会组织参与社会治理"。本章着重探讨政府培育发展社会组织的措施与策略。立足于政府与社会组织关系变迁的理论基础与实践经验，论述了政府培育发展组织的政策体系、政策工具与模式选择。同时，本章还讨论了政府利用声誉效应、竞争效应、杠杆机制以及选择性赋权等方式为社会组织参与社会治理提供激励与扶持。

第四章"支持型社会组织提升社会治理水平"。本章着重探讨支持型社会组织参与社会治理的作用。支持型社会组织是社会组织协作网络中的重要组成部分和新兴力量，发挥着再造理念、建立支持网络、动员整合资源、提高多组织协同解决复杂问题能力等作用，为社会治理提供了新的支撑点。结合分工理论、社会资本理论与共生理论，本章勾勒出支持型社会组织参与社会治理的多元机制，并提出支持型社会组织参与社会治理的有效路径与未来发展方向。

第五章"跨部门合作提升社会组织参与社会治理效能"。本章着重探讨社会组织参与社会治理的效能提升问题。跨部门合作正日益成为当前社会治理的有效路径。本章阐述了社会治理中跨部门合作的含义，分析多元主体各个组织建立跨部门合作的客观原因，以及建立跨部门合作的理论基础。为了提升跨部门合作的成效，本章还探讨了社会组织通过跨部门合作参与社会治理效能的多元路径与多重机制。

第六章"数字赋能社会组织参与社会治理"。本章着重探讨数字技术如何赋能社会组织参与社会治理。随着数字时代的来临，社会治理数字化、智能化成为社会治理创新的重要理念。本章从数字赋能的内涵出发，探讨数字赋能社会组织的主要内容，并从平台机制、动员机制、创新机制等三个维度剖析数字赋能社会组织参与社会治理的多元机制。最后，针对数字赋能社会组织参与社会治理的两大挑战，本章提出增强社会组织自身数字化能力建设的建议，并主张通过构建多元治理主体共同参与的支持体系，助推数字赋能社会组织参与社会治理的深度和广度。

第七章"社会组织参与社会治理的总结与展望"。本章从宏观层面论述社会组织参与社会治理创新的时代背景，分别从全面建设社会主义现代化国家新征程上社会组织的新使命、共同富裕的战略目标下社会组织的新定位出发，重点展望了社会组织推进高质量发展、拓展治理边界、数字赋能，以及推进社会治理的格局、内容与方式等方面展开创新，展望社会组织为国家治理体系与治理能力现代化贡献力量。

案　例

激发网络社会组织参与基层社会治理活力
——以宁波鄞州区"鄞光溢彩"网络社会组织联合会为例

随着社会变化、数字信息和通信技术的发展，网络社会正逐渐成为社会治理的重要阵地。宁波市鄞州区委、区政府高度重视网络社会治理与网络力量应用，成立了"鄞光溢彩"网络社会组织联合会，联结网络媒体、网络企业、自媒体等多元力量，打造良好网络生态，充分调动网络社会资源助力基层社会治理，有效应对网络新形势，构建起网络社会柔性治理新模式。

（一）以行政机制引导成立网络社会组织联合会

源于鄞州区网络社会具有网民多、大 V 多、网络团体多、网络企业多，以及网络媒体活跃度高、网络舆情聚焦度高、网信产业人才集聚度高"四多三高"的特点，鄞州区委宣传部牵头，在 2017 年 12 月成立"鄞光溢彩"网络社会组织联合会，用以强化网络社会治理，营造清朗网络生态。截至 2020 年 12 月，已有 17 家网络媒体、27 家网络自媒体、47 个网络社团、60 家网络企业参与鄞州区网络社会组织联合会，覆盖了网络媒体、公益组织、网络文学、数字金融、网络安全、智慧城市、网络社群等 7 大领域，总人数达 21700 多人。

鄞州区 32 个党委政府部门还特别成立"溢彩指导团"，包括组织、宣传、统战、政法、团委、人社、卫健等党委政府部门，通过项目对接、数据共享等方式与网络组织进行常态沟通、深度对接，把服务治理的触角延伸到每个网络社会组织、覆盖到每位网民。通过"溢彩云"数据库，党委政府部门能够推进基础数据、发展情况和特色资源数据的积累，促进网络社会组织成员之间互为补充，下好融合发展的一盘棋。指导团重点围绕"为群众办实事、为企业解难题"，帮助鄞州区网络社会组织联合会成员解决实际问题,类似于线上版的企业服务中心。指导团基本涵盖所有政府相关职能部门,能第一时间解答企业发展需要的各类问题,解释各项惠企惠民政策,同时在政府采购中,优先考虑联合会成员单位。综合形成了多部门联合,共建共管共享的发展模式。

(二)以社群机制强化会员间聚合效应

"鄞光溢彩"鄞州区网络社会组织联合会聚合了多元网络社会主体,对接政府部门形成良性互动,以社群机制统合政府力量、网络企业、网络公民等多元主体,联合会内成员形成常态化的竞争合作关系,构建起良性发展模式。

网络社会组织联合会通过数据化平台进行留痕追踪,采取积分制、星级制等办法规范会员主体的网络活动,对表现积极的示范单位给予奖励倾斜,引导成员自律守信,强化竞争与合作意识。建立数据追踪一本账,把数据作为网络社会治理的基础,强化网络社会组织数据的系统化整合、留痕化追踪,实现了传播数据、组织人员数据、活动数据、服务数据等"一本账"管理,并通过积分制、星级制等办法,团结网信精英,规范网络活动,在掌握数据中掌握主动。

"鄞光溢彩"实行积分化项目运作,建立起公开的《溢彩项目库清单》,可以进行"淘宝式"在线接单下单。联合会会员每做完一个项目,会获得相应积分值,根据项目成效和社会评价可再次兑换项目,形成一个赋能的循环,可在线查看积分和星级情况。同时联合会在成立前期实地走访了所有151家成员单位,了解他们的线上线下资源情况、需求情况,并通过建立网络社会组织团结凝聚在一起,通过"每日轮值当家""每周溢彩公告""每月线下交流"等方式,促进网络社会组织之间活动联动、发展联动,不断增强平台影响力、行业凝聚力,拓宽信息资源渠道,加强共享共建。

（三）以市场机制联结个体利益与共同目标

"鄞光溢彩"的组成单位性质多样且规模复杂，联合会从成立到发展的过程中始终注重满足个体需要、构建共同利益，从而更好协同多元主体服务社会治理。正如网易宁波总编辑、网络社会组织副会长所说："我们联合会一直奔着共赢的目标，比如说现在有客户需求或政府需求，可能除了用到我的网易媒体资源外，还会用到自媒体、网络科技公司、西门町等网络大 V 的资源，进行信息共享与项目合作。渐渐地，大家也发现共同发展能够得到更多的利益与价值，而且拉近了与政府间的关系。像新浪 2020 年创建的一个栏目邀请了政府部门的工作人员与新浪主播一起去拍摄，成果更有公信力和执行力，同时也拉近了政府和民众的距离。"

"鄞光溢彩"网络社会组织联合会有效搭建起了政企、企企合作的桥梁，以互利互惠为原则，打造信息透明、资源共享的"网上广交汇"平台，以政府公信力为背书，促进政企、企企间达成合作。网络社会组织联合会在 2020 年共促成政企、企企合作 40 项，覆盖网络安全、网络宣传等多个领域，以发展代替治理。同时，积极发挥了纽带桥梁作用，推进中青华云、蓝科电子、国研监理、新浪宁波站等企业建立起与各级、各地党委政府部门的联系与服务合作。同时，网络社会组织联合会正在积极推进"网信广交汇"平台建设，将升级执行会员积分制，信誉度高、客户满意度高、联合会活动参与率高的企业相应获取高积分，积分可相应兑换由会员单位众筹提供的各项福利，以及联合会提供的独角兽企业考察机会。"网信广交汇"平台的完善也将进一步吸引网络企业加入网络社会组织联合会，会员间构建起良性互动生态，以发展促合作。

案例分析题：

1.网络社会柔性治理模式中,哪些机制激发了社会组织参与社会治理活力?

2."鄞光溢彩"网络社会组织联合会参与了社会治理的哪些领域?

3.请结合生活实际,举例说明社会组织参与社会治理的实际情况、现有局限与潜在创新。

第二章　党建引领社会组织参与社会治理

作为不断崛起的社会力量,社会组织在构建共建共治共享社会治理新格局中大有可为。随着社会组织数量增多和规模扩大,党开始注重社会组织的党建工作,不断扩大党组织在社会组织中的覆盖面,形成了指导社会组织党建工作的体制机制。探索党建引领社会组织融入社会治理的创新模式和路径,充分发挥党建对社会组织参与社会治理的核心引领作用,是推进新时代社会治理现代化的重要基石。本章将着重探讨党建对社会组织参与社会治理的引领作用:首先,本章梳理了不同时期党关于社会组织发展的政策,并在此基础上刻画党与社会组织关系的时代变迁过程,描述不同时期党和社会组织关系特征;其次,本章探讨党建引领社会组织参与社会治理的动力机制和创新模式;最后,提炼了党建引领社会组织参与社会治理的合法性机制、联结机制、激励机制、动员机制和规训机制。

第一节　党与社会组织关系变迁

从 20 世纪 50 年代到 21 世纪初,党在社会组织管理中的作用并不突出,其主要通过与政府联合发布政策法规等方式对社会组织施加间接影响。相比之下,该时期政府对社会组织的影响更为明显,政府不仅制定和发布社会组织管理的系列行政法规,还成立了专门的职能部门,如社会团体管理司等负责行政法规的执行,直接参与社会组织的统一登记和日常管理。由于这一时期党在社会组织发展中的角色定位和功能作用并不显著,因此,学者们多在"国家—社会"二分的框架内研究政府和社会组织的关系,主要关注政府对社会组织发展的影响。

党的十八大以来,党和政府在社会组织管理中的角色和功能发生了重大变化,呈现出"加强党建、行政脱钩"的特点(Shen, et. al. ,2020)。一方面,政府采用直接登记等方式降低社会组织准入门槛,并积极推进社会组织与政府主管部门脱钩,放松对社会组织的控制;另一方面,党加强对社会组织党建的顶层设计,在党的全国代表大会、党章和党内法规、政策文件中多次对社会组织党建工作作出部署,并借助提高党组织指标在社会组织评估体系中的分值、将社会组织评估结果与政府购买服务挂钩、党建经费支持等政策工具增强社会组织对党建的重视(褚松燕,2020),大力推进社会组织党组织和党建工作全覆盖,使得党能够直接参与社会组织管理,加强党对社会组织的领导。截至 2021 年 12 月 31 日,社会组织基层党组织共有 17.1 万个,基本实现应建尽建。[①] 随着党在社会组织中的地位越来越重要,有学者主张在"党—政府—社会"三分的理论框架内探讨我国国家与社会关系(景跃进,2019),更加关注党对社会组织发展的影响。

本节将党和社会组织关系的变迁过程划分为间接管理阶段(1978—1999 年)、引导探索阶段(2000—2014 年)和全面引领阶段(2015 年至今),概括出党和政府在社会组织领域的关系经历了从"寓党于政"到"党政合作"再到"加强党建、行政脱钩"的转变(陈红太,2003;Shen, et. al. ,2020),党对社会组织的态度经历了从"管理""服务"到"治理"的变化(谢忠文,2015),党对社会组织的作用方式也由"间接"变为"直接"、"单一"变为

---

① 中共中央组织部.中国共产党党内统计公报[EB/OL]. (2022-06-29)[2022-08-07]. https://www.12371.cn/2022/06/29/ARTI1656486783270447. shtml.

"多元""局部"变为"全面"，且社会组织党建逐步走向成熟，实现了从党建组织模式创新向党建功能模式创新的转变。

一、间接管理阶段（1978—1999 年）

党的十一届三中全会首次指出了"党政企不分、以党代政"的问题。1980 年，邓小平发表《党和国家领导制度的改革》讲话，提出今后凡属政府职权范围内的工作，都由国务院和地方各级政府讨论、决定和发布文件，不再由党中央和地方党委发指示、作决定，系统论述了解决"党政不分、以党代政"问题的路径。自此，党不再直接代替政府履行行政职责，而是通过制度性嵌入、功能性嵌入、主体性嵌入、过程性嵌入等方式介入国家治理过程（刘杰，2011），这奠定了党间接管理社会组织的基调。同时，伴随着经济社会的开放和发展，行业协会、民办非企业等社会组织不断涌现，国家开始出台有关社会组织的规章制度和监管措施，这一阶段党对社会组织的管理措施主要体现为清理整顿和政策指导。

为了有效控制社会组织迅速放开后带来的不稳定因素，党指导政府先后于 1989—1990 年和 1996—1999 年对社会组织开展了两次全国性清理整顿工作。1990 年 6 月，国务院办公厅转发民政部《关于清理整顿社会团体请示的通知》，确立了清理整顿社会组织的基本原则、步骤时间和组织领导，并要求在清理整顿的基础上做好社会组织的复查登记工作。从 1996 年开始，党和政府再次针对社会组织发展过程中的乱象，开展了第二次清理整顿工作。1996 年 8 月，中共中央办公厅、国务院办公厅下发《关于加强社会团体和民办非企业单位管理工作的通知》，提出在社会团体和民办非企业单位内进行为期两年的清理整顿，明确重点清理对象为涉及民族、宗教以及其他社会科学、自然科学的国家级交叉学科和青少年、妇女儿童等问题的各类研究机构、社会经济调查机构。1997 年，民政部发布《关于查处非法社团组织的通知》,对社团组织的清理整顿工作作了具体安排。同年4月,国务院办公厅转发民政部《关于清理整顿社会团体意见》的通知,要求登记管理机关、业务主管部门和挂靠单位对社会团体的负责人政治动向、学术交流活动、接受境外资助捐赠情况、参加国际民间组织情况等进行检查。1999年,在党和国务院的部署下,民政部再次对涉及西方反华势力、气功等内容的社会组织进行清理整顿的审定和换发证书工作,并于6月发布《关于社会团体清理整顿审定工作有关问题的通知》。经过两次清理整顿,党和政府完成了对社会组织的登记工作,加强了对社会组织的规范管理。

　　社会组织清理整顿是党和政府运动式治理的典型表现,能够在短期内迅速取得成效,但要巩固社会组织清理整顿的成果、实现对社会组织长期有效的管理,需要进一步强化制度建设、形成长效机制。为此,党通过发布社会组织党建相关的路线方针,指导政府制定可操作的政策制度以管理社会组织,党还与政府机构联合发布政策法规,规范和完善社会组织的党建工作,并逐步建立起社会组织的双重管理体制。1994年9月,党的十四届四中全会通过《中共中央关于加强党的建设几个重大问题的决定》,提出随着各种新建立的经济组织和社会组织日益增多,需要从实际出发建立党的组织、开展党的活动,正式将社会组织党建纳入基层党组织建设的视野。1996年,中共中央办公厅和国务院办公厅联合印发《关于加强社会团体和民办非企业单位管理工作的通知》,明确要求经济组织和社会组织需要接受挂靠单位、业务主管部门或所在地方党组织的领导。随着社会组织的兴起和发展,国家进一步强化了社会组织开展党建工作的政策主张。1998年2月,中共中央组织部和民政部联合印发《关于在社会团体中建立党组织有关问题的通知》,从应建尽建、组织关系转入、党组织设置形式、社会团体党组织职能和党组织隶属关系五方面做出明确规定,要求社会团体常设办事机构专职人员中有正式党员3人以上的,应建立党的基层组织,且社会团体党组织必须接受业务主管部门或挂靠单位党组织的领导,这项规定对推进社会组织党建工作起到了积极的促进作用。同年 10 月,国务院通过《社会团体登记管理条例》和《民办非企业单位登记管理暂行条例》,确立社会组织双重管理制度,强调业务主管单位和登记管理机关对社会组织的管理监督,进一步强化了党和政府对社会组织的管理。

从党对社会组织政策的演变来看,间接管理阶段的特点主要体现为以下四个方面:第一,党和政府在社会组织管理领域的关系体现出"寓党于政"的特点(陈红太,2003),党扮演着幕后管理者的角色,对社会组织的影响较为隐蔽,主要负责制定社会组织党建相关的路线方针和指导原则,而政府作为党政治意志的执行者,负责制定操作化的制度流程,并做出社会组织管理的具体施政行为。第二,党对社会组织的态度主要表现为"严格管理",党严格把控社会组织的业务内容和发展方向,对社会组织开展清理和整顿,防止分裂势力、恐怖主义等非法分子披着社会组织的外衣做出威胁统治的行为。第三,党对社会组织的管理主要通过路线方针领导、与政府联合发布政策、指导社会组织清理整顿工作等间接方式来实现。第四,虽然党和政府意识到了社会组织党建的重要性,也逐步将社会组织纳入基层党建范畴,但是社会组织党建仍处于起步阶段,尚未形成具体的操作办法,也没有形成典型的、可借鉴的、可推广的社会组织党建模式。

二、引导探索阶段(2000—2014 年)

自 2001 年成功加入 WTO 以后,中国迎来了社会主义市场经济的新一轮增长,社会组织的生存空间不断扩展,在社会治理中表现得也更为活跃。2002 年,党的十六大进一步规范了党和政府间的关系,突显了党"总揽全局、协调各方"的作用,并强调完善政府"经济调节、市场监管、社会管理和公共服务"职能,建设服务型政府。由此,党对社会组织的影响逐渐加强,产生了由间接管理到引导探索的转变。在引导探索阶段,党对社会组织的管理措施主要体现为直接颁布政策法规和将党建指标纳入社会组织评估体系。

党直接颁布多项有关社会组织党建的政策法规,提倡扩大党建在"两新"组织中的覆盖面。针对社会组织党建存在的党组织覆盖面小、党员教育管理松散、党员先锋模范作用不明显等问题,中共中央组织部于2000年7月印发《关于加强社会团体党的建设工作的意见》,进一步从党组织隶属关系、党组织职责、党员教育管理工作、组织领导工作等方面做出明确部署,为社会组织党建工作提供了重要的政策依据和发展方向。2002年党的十六大报告提出,加大在社会团体和社会中介组织中建立党组织的工作力度,是加强党的执政能力建设的重要内容。2004年,党的十六届四中全会通过《中共中央关于加强党的执政能力建设的决定》,从战略高度提出加大在新经济组织、新社会组织中建立党组织的工作力度,并要求探索党组织和党员发挥作用的方法和途径。2006年6月,中共中央办公厅印发《关于建立健全地方党委、部门党组(党委)抓基层党建工作责任制的意见》,提出加强对新社会组织中党员经常性教育、党员联系和服务群众等党建制度落实情况的检查。同年10月,党的十六届六中全会通过《中共中央关于构建社会主义和谐社会若干重大问题的决定》,再次重申推进"两新"组织的党建工作,扩大党的工作覆盖面。

2007年,党的十七大报告将新社会组织党建与农村、企业、学校等基层党组织建设并列,社会组织党建成为基层党建的重要内容。2009年,党的十七届四中全会通过《中共中央关于加强和改进新形势下党的建设若干重大问题的决定》,进一步对新社会组织中党组织的功能做出宏观设定,强调发挥社会组织党组织在贯彻党的方针政策、引导和监督社会组织遵守国家法律法规、团结凝聚职工群众、维护各方合法权益、促进健康发展等方面的功能。2012年,党的十八大报告提出,全面推进包括社会组织党建在内的各领域基层党建工作并扩大党组织和党的工作覆盖面,有助于加快推进社会体制改革和形成现代社会组织体制。这些政策法规表明,党组织日益重视社会组织的党建工作,并将社会组织党建工作重点从组织设立、人员配置拓展至党建制度落实、党组织功能发挥,对社会组织党建提出了更高的要求。

　　除完善顶层设计外,党组织还顺应政府职能转移的趋势,将党建情况列入社会组织评估指标体系,并将社会组织评估结果与政府购买服务挂钩,以此引导和督促社会组织开展党建工作,提高社会组织党建积极性。2007年8月,民政部印发《关于推进民间组织评估工作的指导意见》,明确将党组织情况纳入一级指标"组织建设"下的"组织机构"指标当中。2011年3月,民政部发布《社会组织评估管理办法》,"以评估促建设"成为党和政府引导社会组织党建的重要政策工具。同时,随着简政放权改革推进,政府放松了对社会组织的管理,例如采用直接登记制度、降低社会组织注册门槛、简化审批手续等,并逐渐将部分公共服务职能转移给社会组织承担。2013年3月,国务院办公厅公布《国务院机构改革和职能转变方案》,要求加大政府购买服务力度,同年9月,国务院办公厅下发《关于政府向社会力量购买服务力量的指导意见》,对政府服务购买的主体、内容、机制等作出详细规定。2014年,民政部和财政部印发《关于支持和规范社会组织承接政府购买服务的通知》,提出社会组织在承接政府购买服务时,应按要求提供年检结论、年度报告等证明材料。在国家政策的指导下,上海、浙江、安徽等15个省份率先建立了党委常委或政府分管负责同志牵头的社会组织工作协调机制,将社会组织工作纳入地方党委政府考核事项。① 由此,党组织能够以社会组织评估为抓手,通过提高党建指标在社会组织评估体系中的比重,增强社会组织对党建的重视程度。

　　在中央的引导和激励下,各地积极探索社会组织党建的新方式,逐渐

---

① 赵宇新.与国家发展同频共振——我国社会组织蓬勃发展的历史轨迹[EB/OL].(2021-07-02) [2022-08-06]. https://mzzt. mca. gov. cn/article/zt_jd100n/mzsyfzcj/202107/20210700035037. shtml.

形成了特色鲜明的社会组织党建经验模式。有学者将这一阶段的社会组织党建模式归纳为"属业化""属地化"与"部门化"三种类型。"属业化"是指按照社会组织的行业归属,依托于行业协会或枢纽型社会组织开展党组织建设,如北京的枢纽型"3＋1"模式、辽宁的"协会＋党委"模式;"属地化"是指将社会组织党组织挂靠于所在街道、社区或人才交流中心;"部门化"是指借助于社会组织的登记管理部门开展党建工作,如浙江的"1＋N"模式、江苏的"双报双推"模式(陈家喜,2012)。

　　总的来说,引导探索阶段的党和社会组织关系特点主要表现为以下四个方面:第一,党和政府在社会组织管理上的职能发生了变化。一方面,党逐渐从幕后走向台前,由传达政治指导思想转变为出台政策法规,对社会组织的影响逐渐增强;另一方面,审批权限下放、服务职能转移削弱了政府对社会组织的管理。同时,将党建指标纳入社会组织评估体系并将评估结果与政府服务购买挂钩,这一举措体现了党和政府在社会组织管理中的务实合作。第二,党对社会组织的态度逐渐由管理转变为服务,保证社会组织在法律法规范围内开展活动之外,党组织还及时了解和反映社会组织需求,解决社会组织面临的问题,维护各方合法权益,主动履行社会服务职能。第三,党影响社会组织的方式从间接向直接转变,如党出台相关政策法规直接指导社会组织党建工作,尽管该阶段党对社会组织的影响方式仍然比较单一和局限,主要集中在政策制度层面,重视社会组织党组织的设立和普及。第四,社会组织党建逐渐走向成熟,实现了社会组织党组织设置形式创新,形成了具有代表性的社会组织党建模式。

三、全面引领阶段(2015 年至今)

　　党的十八大以来,党不仅将社会组织党建纳入党建工作总体布局,还将其纳入国家治理体系和治理能力现代化的战略部署(褚松燕,2020)。为应对不断变化的社会，在总结已有社会组织党建工作经验的基础上，中央对新形势下的社会组织党建做出了更加全面的制度设计，并推动党和社会组织关系从引导探索阶段向全面引领阶段转变。

在全面引领阶段，党对社会组织党组织的功能定位、实施举措更加明晰。2015年9月，中央办公厅印发《关于加强社会组织党的建设工作的意见（试行）》，明确了社会组织党组织作为战斗堡垒发挥政治核心作用的功能定位，正式确立了全面推进社会组织党组织和党的工作全覆盖的改革方向，并提出社会组织党费返还等支持性政策工具。2016年8月，《关于改革社会组织管理制度促进社会组织健康有序发展的意见》提出，将中国共产党的领导作为社会组织发展的基本原则，督促社会组织及时成立党组织、开展党建工作。同年9月，民政部发布《关于社会组织成立登记时同步开展党建工作有关问题的通知》，对社会组织成立之后同步建立党组织、移交党建材料、在年度评估检查中落实党建工作等事宜做出具体规定，加大了党建在新成立社会组织中的覆盖面，提高了社会组织党建的增量。2017年10月，党的十九大报告明确提出社会组织是社会主义现代化建设的重要力量，强调提升社会组织党组织的组织力。2018年10月28日起施行的《中国共产党支部工作条例（试行）》明确了社会组织中的党支部应承担的重点任务，并再次强调了社会组织党建经费保障政策。党对社会组织的领导在十九大与十九届五中全会中被再次强调。同时，伴随着社会组织与行政机关脱钩改革，政府管制逐步退出社会组织领域。2015年7月，中央办公厅和国务院办公厅联合印发《行业协会商会与行政机关脱钩总体方案》，提出行业协会商会的党建、外事、财物、人力资源服务等事项与原主办、主管、联系和挂靠单位全面脱钩。作为该方案的细化部署，国家发改委、民政部、中央组织部、中央编办等十部门于2019年6月联合下发《关于全面推开行业协会商会与行政机关脱钩改革的实施意见》，再次提出行业协会商会与行政机关在机构、职能、资产、人员和党建等方面分离，并做出在脱钩改革中同步加强行业协会商会党建工作的具体安排,确保脱钩过程中党的工作不间断、党组织作用不削弱。

党组织还从合法性、资金、人力、政策信息、制度文化等多方面提出了推进社会组织党建的政策工具,强化党组织对社会组织的服务功能和引领作用。

第一,党建增强社会组织合法性。党能为社会组织做政治背书,降低社会组织运营风险,保证社会组织政治安全,并通过参与奖项评比、获得政治荣誉提升社会组织的政治地位(李健、郭薇,2017)。社会组织还能通过进入党委和政府的治理体系、参与优秀党建工作个人或集体选拔等方式满足制度环境中的规制性要素和规范性要素,从而实现社会组织的合法性(葛亮,2018)。

第二,党建为社会组织提供物质资源支持。社会组织可以通过党建向上级党组织申请相应资源上的支持(Thornton,2013),包括资金、场地、设备、宣传推广、人才培养等方面的资源,降低社会组织运营成本(李健、郭薇,2017),且由于党建工作是党和政府评估社会组织的重要指标,优秀的党建工作能够提高社会组织在政府购买服务、公益创投等项目竞争中的实力,帮助社会组织获得更多政府资金开展业务活动(沈永东、虞志红,2019)。

第三,党建帮助社会组织拓展外部关系。在组织层面,社会组织能够通过党建与上级党组织发生联系,如提交文件、面谈或会议发言、邀请党政领导参加社会组织民主恳谈会等,进而向党和政府反映组织诉求,促成政社合作(李健、郭薇,2017);在个人层面,社会组织领导人也能凭借优秀的党建工作提升个人政治资本和政治地位,扩展自身社会网络,提高组织的知名度和影响力,从而推动社会组织与外部主体的合作发展(李朔严,2018)。

第四,党建为社会组织输入政策信息资源。社会组织可以通过学习领导人的讲话精神和会议文件、参加地方党代会讨论等提高关注政治的意识和敏感性,及时领略国家战略意图和把握地方改革最新动向,进而将其与社会组织发展战略融合,明确组织发展的方向(李建,2017)。

第五，党建为社会组织输送制度资源和文化资源。一方面，社会组织借鉴党员管理的相关规章制度，将党员述职、民主考评等党建工作机制应用于组织内部治理（徐越倩、张倩，2019），完善组织内部管理制度和运作流程；另一方面，党用自身的意识形态对社会组织进行政治引导和价值观念影响，通过倡导党员先锋模范作用等方式在社会组织内部形成共同价值体系和先进文化氛围（王扬，2017）。

总起来说，全面引领阶段的党和社会组织关系特点主要表现为以下四个方面：一是，党和政府在社会组织治理领域的职能变化呈现出"加强党建、行政脱钩"的特点，政府通过行政脱钩、赋权社会组织等方式逐渐减少对社会组织的行政管制，而党则通过建立党组织、党组织成员和社会组织管理层"双向进入、交叉任职"等方式加强了对社会组织的综合管理（Shen，et al.，2020）；二是，党对社会组织的介入由外部服务转向内部治理，与政府不同，党组织可以对社会组织的组织体系、运行机制、议题设置等产生影响，改善社会组织内部治理（李朔严，2018）；三是，党对社会组织的政策工具由单一、局限的党建指标评估向党建资金扶持、党组织人员设置、关系网络链接、政策信息输送等多元政策工具转变，实现了党对社会组织的全面引领；四是，社会组织党建进入应用阶段，实现党建对社会组织的功能创新，推动社会组织党建和业务融合发展。

第二节　党建引领社会组织参与社会治理的动力机制与创新模式

本节主要探讨党建引领社会组织参与社会治理的动力机制与创新模式。首先，本节从党政部门和社会组织两个视角出发分析党建引领社会组织参与社会治理的动力机制：从党组织角度看，党建引领社会组织参与社会治理是党组织赋权社会组织、提升自身治理能力的统合行为；从社会组织角度看，党建引领社会组织参与社会治理是社会组织契合制度要求、拓展资源来源的适应性表现。其次，本节具体介绍了党建引领社会组织在公益服务、应急救援、精准扶贫、环境保护等社会治理领域的创新探索，体现了党建引领下社会组织在社会治理格局中的重要力量。

一、党建引领社会组织参与社会治理的动力机制

党建引领社会组织参与社会治理的动力机制是双向进行的：一方面，党通过建立党组织、开展党建工作引领社会组织参与社会治理，既反映了党让渡社会空间、赋权社会组织的执政理念转变，也满足了党通过社会组织了解社会需求、提供更有效的公共服务需求；另一方面，社会组织在党建引领下参与社会治理，有助于增强组织政治合法性，拓展多元资源渠道，弥补组织力量不足，从而提高自身参与社会治理的能力，提升社会治理效能。

(一)党政视角：赋权社会组织，提升治理能力

基于党政视角探讨党建引领社会组织参与社会治理的动力机制，主要从以下两个方面进行分析：第一，面对多元化与异质性的公共服务需求，党组织在提供公共服务上显得力不从心，加之党的执政理念逐渐由"社会管理"转型为"社会治理"，党组织积极培育发展社会组织，将部分公共服务职能让渡给社会组织，充分发挥社会组织在社会治理中的重要作用；第二，党组织通过在社会组织中建立党组织、开展党建工作，加强党组织与基层群众的联系，摆脱党在社会领域被弱化的困境，从而提升党的社会治理能力。

1.赋权社会组织,转移服务职能

传统的单位制度和户籍制度将社会成员统一纳入国家政治体系中,使党组织能够在各个层面实现对社会的全面支配和集中统一管理(朱前星,2018)。然而,党组织对社会的管理也带来许多问题,如民意表达受到抑制、基层组织工作重心扭曲、基层组织与民众对立加剧等(孙柏英、蔡磊,2014)。随着社会组织在社会治理中发挥着越来越重要的作用,传统社会控制方式已经不再适应新形势的需要。为应对现代社会治理的新挑战,党逐渐转变执政理念和行动路线,开始"政党再社会化"进程,即有选择性地退出某些社会空间,并培育社会组织承担相应的社会职能,支持社会组织融入社会治理,构建良善的治理格局(谢忠文,2015)。得益于其在"国家—市场—社会"中的超越性地位,党组织能够整合资源并给予社会组织相应的资源配置(王向民、李小艺、肖越,2018),实现对社会组织的赋权和增能。党对社会组织的"赋权"是指党通过政策、资金或荣誉等方式推动社会组织成长和能力建设,使社会组织能够独立或与政府合作来满足社会需求(敬义嘉,2016),从而实现社会组织自身"增能"。具体而言,社会组织党建提升了社会组织内部管理、战略制定、资源动员和政策倡导等方面的能力(李健、郭薇,2017)。在培育和支持社会组织发展壮大的基础上,党进一步将社会组织作为抓手,通过将国家的意志和目标嵌入到社会组织的具体运作中,积极将部分公共服务职能交由社会组织承担和履行,有效化解党群部门服务功能弱化的困境(纪莺莺,2017)。

2.重构社会联系,提升治理能力

随着政治经济体制改革的深入,社会组织获得了更多的资源支持和更大的自由活动空间,社会组织数量迅速增长,社会自主程度不断提高。社会组织具有社会性和公益性,其不仅挤占了党传统的组织空间,也在一些领域代替了党的社会服务功能,在一定程度上冲击了党和社会的传统关系,加剧了基层党组织在社会治理中地位边缘化的现象(林尚立,2007)。在此背景下,党组织强化对社会组织参与社会治理的引领作用,有助于党组织扩展执政空间,获得更多体制外的执政资源。同时,重新建立与社会的联系,更准确地把握社会的需求,为社会提供更有效的公共服务,满足社会更深层次的需要(吴新叶,2006)。由此,党能够实现对新生社会领域的领导和控制(陈家喜、黄卫平,2007),更好地实现党组织社会、动员社会、领导社会的重要政治功能(赵长芬,2018)。

(二)社会组织视角:契合制度要求,拓展资源渠道

从社会组织视角考察社会组织坚持在党建引领下参与社会治理的动力机制可以发现,制度契合与资源拓展是重要因素。一方面,社会组织积极开展党建、参与基层创新,使自身更好地与制度环境相匹配,有助于获得党和政府的认可和支持,扩大社会组织参与社会治理的领域和空间;另一方面,社会组织通过党建与党委保持密切联系,进而链接和撬动党政体制内外的多元资源,增强社会组织参与社会治理的资源支持(沈永东、虞志红,2019)。

1.契合制度要求,创新基层治理

根据制度主义理论,组织的生存和发展与其所处的制度环境息息相关,其中最重要的是制度合法性的获得(Meyer & Rowan,1977)。党政部门对社会组织信任度低是制约社会组织功能发挥的重要原因之一,党政部门更多把社会组织当作管理的对象,而非平等合作的社会治理主体,向社会组织释放的公共空间也比较有限,让渡给社会组织的主要是公共服务职能,而在政策倡导和政治参与领域增权较少,导致社会组织参与社会治理的层面和覆盖领域受限(吴显华等,2014)。在此背景下,社会组织按照党组织的要求建立党支部、开展党建活动,能够体现自身政治正确的立场,更能够获得党和政府的信任,从而更容易以合法身份发起业务活动、参与社

会治理,获得更大的发展空间(胡兵,2007)。同时,社会组织也以党建为契机,借由党建实践主动参与到基层治理创新实践中,社会组织通过党组织建设增进了与党政部门的关系,并以党建活动形式承接基层治理任务,帮助政府解决辖区内的社会问题,从而在社会治理创新中发挥了执行与落实的作用,担当起落实地方政府创新实践的重要角色,不断提升社会组织参与社会治理的广度和深度(沈永东、虞志红,2019)。

2. 拓展资源渠道,加强资源整合

资源依赖理论认为,组织生存的关键是获取和维持资源的能力,组织需要与外部环境进行交换以获得生存所需的资源(McCarthy & Zald,1973;McCarthy & Zald,1977)。虽然市场经济的发展和总体性社会的解构为社会组织带来了大量可自由流动的资源,但由于制度性因素和体制壁垒的存在,社会组织发展仍存在规模实力偏小、资金缺乏、内部管理水平低下等问题,对其参与社会治理产生消极影响。而党作为具有独特优势和执政资源的特殊组织,为社会组织提供了一条联系党政体制和寻求资源支持的新渠道。社会组织积极开展党建,能够提高组织的社会信誉和政治资本,有利于其链接和撬动党政体系内外的多元化资源,例如返还党费、增设党建活动经费、扩大社会捐赠等,并将信任、荣誉等无形资源转化为有形资源,支撑社会组织的业务工作,提高社会组织的社会治理能力(沈永东、虞志红,2019)。

二、党建引领社会组织参与社会治理的创新模式

党建对社会组织参与社会治理的引领作用需要通过党建项目和公益活动来实现。党和社会组织通过探索"党建+"新工作模式推动党建工作和社会组织中心工作深度融合,既提升了基层党组织的组织力和党建活动的效能,又符合社会组织的使命愿景,有效实现了社会治理新机制、推动社

会治理创新发展。

1. 创新"党建＋公益服务"模式，满足社会多样化需求

党组织借助社会组织及其成员的专业优势，依托公益创投等载体，发挥党员先锋模范作用，引导党员成为社会公益的先行者和倡导者。如浙江省宁波市鄞州区律师行业协会党委推出"阳光 8 号"党员律师志愿服务活动。律师行业协会党委成立党员律师公益服务团，根据律所擅长领域和党员律师专长，结合村（社区）需求特点，按照"一对一"或"一对多"的方式，安排 42 个党支部、285 名党员律师结对全区村（社区），每个村村（社区）派驻 2—3 名党员律师，每月 8 日以"法律顾问"身份到村（社区）提供驻室接待、结对帮扶、普法宣传、社会公益等法律服务。同舟律师事务所、盈科律师事务所等律所还根据村（社区）需要，至少每周 1 次到村（社区）坐堂。截至 2021 年 6 月，已有 30 余个律师事务所党组织、200 余名党员律师和 260 余个村（社区）结对，实现党员律师法律服务全覆盖。党员律师进村（社区）为群众提供法律服务，既解决了村（社区）的矛盾纠纷，维护了村（社区）的平安稳定，又提升了律所在群众中的知名度和信任度，为律所开拓了业务范围，实现了双方的互利共赢。

2. 推动"党建＋应急救援"模式，筑牢安全防护网

面对台风、地震、疫情等重大突发事件时，党组织发挥在应急救援中的战斗堡垒和统筹协调作用，动员社会组织广泛参与联防联控、联调联战，夯实安全生产基础，提升应急管理质量。如在 2020 年新冠肺炎疫情严峻、各类物资告急时，浙江省温州市鞋革行业协会党支部率先发出疫情防控倡议书，并第一时间在微信群内呼吁企业家支援，最终募集物资价值超过 3000 万元，并协调解决企业 50 多万只口罩等防护物资需求。与之相类似，在新冠肺炎疫情暴发后，深圳市光明区马田街道大竹县商会党支部书记在党支部微信群和商会微信群中发出倡议，要求支部党员和商会企业认真学习和

执行关于疫情防控重要指示精神以及中央和各级党委决策部署,在党支部的号召下,数名党员提前回到深圳①,并成立志愿者服务队投入街道组织的疫情防控工作中,承担起为行人测量体温、开展文明劝导等任务②,为基层织密防疫网。2019 年,受台风"利奇马"影响,浙江省温州市乐清市多地出现严重灾情,社会组织在党组织引领下第一时间投身抗台救灾工作。乐清市蓝天救援中心、乐清市红十字海鹰救援中心等抢险救援类社会组织的党员和队员在台风登陆期间 24 小时待命,开展救援 200 多次,劝导、转移和救援群众 600 余人,清理倒塌树木、广告牌、抛锚车等各类安全隐患 800 余处;乐清市食品商贸行业商会党支部则发出倡议,发动会员单位捐赠第一批救灾物资,将 1000 多箱矿泉水、1000 多箱方便面和八宝粥等物资运抵灾区;乐清市虹桥商会也在党总支牵线下,组织 12 辆皮卡车,将大米、药品等物资送抵灾区。③

3.打造"党建＋精准扶贫"模式,助力脱贫攻坚

建强基层党组织,驱动社会组织探索参与扶贫的有效路径,以行业协会商会为桥梁纽带,带动企业助力对口帮扶地区,挖掘对口帮扶地区比较优势,加快贫困地区脱贫步伐。如浙江省金华市酥饼行业协会党总支与浙江省金华市兰溪市横溪镇宋宅村党支部结对共建,送梅干菜加工项目给宋宅村,并帮助宋宅村拿到食品 QS 认证,提升了宋宅村梅干菜的产品品质,使宋宅村的梅干菜销量上升至 100 吨,销售额达 150 万元,提高了村民的收入。又如浙江省金华市永康市阳光爱心义工协会党支部与永康市装饰装修协会党支部共建,以 1 个公益组织党支部、1 个行业协会党支部和 1

---

① 陈圆圆.打赢疫情阻击战光明"两新"党员在行动[EB/OL].(2020-01-31)[2022-06-24].http://news.sznews.com/content/2020/01/31/content_22816384.htm.
② 青春大竹.青春战"疫"|发扬竹乡精神,传承志愿服务——大竹县驻粤流动团工委"青"力而战[EB/OL].(2020-02-25)[2022-06-24].https://www.sohu.com/a/375850568_120057487.
③ 乐清市"雁山红"两新党务工作者成长服务中心.抗台救灾中彰显乐清两新力量和担当.浙江日报.2019-08-13(001).

个贫困家庭结对的"1+1"结对模式实现"梦想改造家"公益项目升级版,两家党支部发挥各自优势,在为贫困家庭进行房屋改造,改变居住环境的同时,进行长达一年的跟踪服务,督促帮扶对象养成良好的生活习惯,尽快融入社会开展生产和工作,目前已完成了对 34 户贫困家庭的改造。此外,嘉兴市行业协会商会类社会组织也在党组织的带动下,积极参与"千企结千村、消灭薄弱村"专项行动,跨地区帮扶经济薄弱村,签订村企结对协议,落实项目 20 余个,投入帮扶资金近 500 万元。

4. 推行"党建＋网络治理"模式,营造清朗网络空间

网络社会组织是网络强国建设的重要力量,加强对网络社会组织的党建引领,有助于充分发挥社会组织在应对网络突发事件、加强网络信息安全中的作用,推动建设风清气正的网络空间。如浙江省宁波市鄞州区网络社会组织联合会党委将网络治理与党内组织生活有机结合,广泛发动各方力量,创新建立"178"网络社会柔性治理模式。鄞州区网络社会组织联合会党委通过喜马拉雅 FM、鄞响 APP、微信公众号等线上网络平台,以微党课、微视频、微直播等形式向群众传播党的会议精神、理论知识、成就贡献等信息,借助网络传播的迅捷性、互动性和高效性扩大党建活动影响范围,提高党员和群众的参与率,引导党员和群众树立正确的价值观。同时,针对网络舆情热点,网络社会组织联合会党委倡导成员单位联合发声,澄清事实真相,打击网络谣言,净化网络空间,在"401"项目、高考英语加权赋分等事件中发挥了重要作用,有力地推进了网络生态治理,营造了健康文明的网络环境。

第三节　党建引领社会组织参与社会治理的
运行机制

　　基于合法性理论、社会资本理论、激励理论、资源动员理论和规训理论，本节分析了党建引领社会组织参与社会治理的五种具体机制，分别为合法性机制、联结机制、激励机制、动员机制和规训机制。其中，合法性机制是指党建通过增强社会组织及其业务活动的政治合法性，帮助社会组织降低政治风险，使社会组织能够更加顺利地开展业务工作、参与社会治理；联结机制是指党建以党组织为接口帮助社会组织与其他主体产生链接，促成社会组织与其他主体的协同合作，形成社会治理的合力；激励机制是指党建通过精神激励、物质激励、榜样激励等方式推动社会组织及其成员主动参与社会治理；动员机制是指党建增强社会组织及其领导者的权威性，增强社会组织动员内外部资源、整合社会资源的能力，从而提升社会治理效益；规训机制是指党建通过加强社会组织党员教育管理，规范党员行为，提升党员素养，进而发挥社会组织在服务国家治理战略、建设良好社会秩序中的作用。

一、党建引领社会组织参与社会治理的合法性机制

　　制度主义理论认为，制度环境是指一个组织所处的法律制度、文化期待、社会规范、观念制度等被人们广泛接受的社会事实，它能够约束和规范组织的行为，迫使或诱使组织去接受和采纳社会上认可的做法和形式（周雪光，2013）。迪玛奇奥和鲍威尔（Dimaggio & Powell）（1983）则强调了组织服从合法性机制的功利性基础，即组织采纳社会认可的管理经验和组织

模式,是因为其可以减少环境的不确定性,获得外部环境的认可,以及更加顺利地与其他组织交换资源,从而维持组织的生存与发展。在我国制度环境下,社会组织常常通过显示自己与国家意识形态、国家目标任务和国家政策一致来表达"政治上的正确",进而使组织以及活动内容符合政治规范,获得党委系统的认可(高丙中,2000)。社会组织党建是党鼓励推行的举措,社会组织开展党建能够增进党和政府对社会组织的认可和支持,从而提高社会组织和党政部门合作的可能性,增强社会组织参与社会治理的能力,这主要体现在以下两个方面。

社会组织党建增强社会组织业务活动的政治正当性,为社会组织向党和政府传达诉求,从而帮助社会组织获得党政部门的支持,使社会组织得以在更大程度上发挥参与社会治理的功能。如绿色浙江在发起"吾水共治"圆桌会初期无法得到当地政府支持,也无力聚齐各方代表共同商谈河流治理问题,其原因是环保议题比较敏感,又牵涉政府、企业、居民等众多利益相关方。后来,绿色浙江以社会组织党支部身份与所在区委组织部取得联系,并经由所在区委组织部牵头,成功邀请到其他相关的政府部门,且引入党建工作中的民主生活会制度,以民主生活会的形式召开"吾水共治"圆桌会,鼓励各方代表开展批评和自我批评,化解了各方激烈的敌对情绪和冲突矛盾,推动了多元主体协同治理污染问题的新局面。

社会组织党建增进了党政部门对社会组织的信任,使党政部门更愿意选择其成为合作对象,从而保证社会组织的资源供应,扩展社会组织的服务范围。如深圳市恩派公益组织发展中心在与党政部门商讨合作事宜时,密切结合党的决议报告中的重要内容,有助于加强政府官员对社会组织的信任。同时,社会组织认真学习党的方针政策也有助于寻找社会组织业务和政府工作任务的契合点,容易与政府工作人员产生共同话题,加深政府工作人员对社会组织业务活动的理解和认同,从而推动双方达成合作,使社会组织能够更多地参与到公共事务中。

二、党建引领社会组织参与社会治理的联结机制

社会资本理论认为,人们可以通过社会联系获取社会资源和社会地位。社会资本主要分为两类:第一种是个人获取某个组织或团体的会员资格后,可以通过这种稳定的联系从组织或团体中获取资源,布尔迪厄(Pierre Bourdieu)(1984)将社会资本定义为实际或者潜在资源的集合,且这种资源的获取主要是基于正式的制度化网络。帕特南(Robert D. Putnam)(1995)也指出,社会资本是社会组织的特征,主要包括社会信任、互惠规范和公民参与网络,其能够通过促进合作行为提高社会效率。第二种是由于人们的交往互动过程而产生和发展的非正式关系网络,格兰诺维特(Mark Granovetter)(1973)提出"弱关系"的概念,认为弱关系能为个人带来更加丰富的信息,林南(2001)则进一步提出,人们可以通过社会网络获取权力、财富、声望等社会资源,进而实现自己的目标。在西方的社会资本理论基础上,边燕杰和邱海雄(2000)将社会资本拓展至组织层面,认为社会资本是行动主体与社会的联系以及通过这种联系汲取稀缺资源的能力。由于党和政府一直倡导广泛联系和服务群众,当前党组织已经遍布社会各个领域,形成了跨层级、跨区域的组织网络体系。因此,党建能扩大社会组织的交往范围和关系网络,增强社会组织的社会资本,帮助社会组织营造与其他主体间互信互助的和谐关系,构建协同合作秩序,从而提升社会组织的社会治理能力。

社会组织以党建为节点与基层组织发生关联,能够动员筹集到更多物质资源,提高社会组织参与社会治理的深度和广度。不同领域的党组织同处于一个系统内,具有共享的规范和相似的结构,这使得组织间资源交换变得更加容易(DiMaggio & Powell,1983),社会组织以党组织为接口联系外部主体,有助于其和外部主体更顺畅地交流和沟通,拓宽社会组织参与

社会治理的范围和路径,从而实现社会组织资源和基层资源的整合,提升社会组织参与社会治理的实效。如浙江省杭州市上城区亲民社会组织服务中心通过党建拉近了与社区的距离,拓展了社区资源让渡的空间,获得了托管和运营杭州市上城区红巷生活广场、紫阳公益小镇等场地的机会,并更深入地参与到社区营造、创新养老、社区组织培育等基层治理活动中。

同时,支部联建、共建等党建活动也推动社会组织建立和其他社会主体间的非制度化人际关系,进而增强彼此间合作关系的持续性和稳定性,使社会组织能够长期参与到社会治理中。如绿色浙江与浙江卓锦环保科技股份有限公司、下城区文晖街道社会组织服务中心等单位签署了支部共建协议,通过与兄弟支部共同开展、参与党建活动加强了组织成员间的日常交流和互动,弥补了单一业务联系的不足,也促成了日后双方的深入合作。绿色浙江和文晖街道共同建立公众环境监测实验室,并发起餐饮行业垃圾分类、社区废旧衣物循环再生等活动,为建设资源节约型和环境友好型社会做出贡献。

三、党建引领社会组织参与社会治理的激励机制

激励理论主要分为内容型激励理论、过程型激励理论和综合型激励理论。内容型激励理论围绕"用什么激励"这一主题,马斯洛(Abraham Maslow)(1987)提出需求层次理论,认为人具有生理、安全、社交需要、尊重和自我实现五种需求,其成为激励和引导个人行为的力量,赫茨伯格(Frederick Herzberg)(1964)提出双因素理论,认为调动成员的积极性需要满足激励因素;过程型激励理论更加关注"如何激励",弗洛姆(Erich Fromm)(1982)提出期望理论,认为目标价值和实现概率对个人的动机产生强烈影响;综合型激励理论则认为,个体行为是内部需要和外部环境相互作用的结果(Lewin,1951)。党组织强调弘扬奉献互助精神,通过思想

教育、奖励表彰等举措鼓励党员积极开展志愿服务活动,并以党员带动群众,激发社会组织成员的活力,提高社会组织成员参与社会治理的积极性,从而为社会组织参与社会治理创新提供支持。

(一)精神激励

党组织通过党员先锋指数考核、评奖评优、奖励表彰等举措营造积极向上的党建文化氛围,对社会组织党员起到正向的精神激励作用,有助于激发社会组织党员勇于担当作为的先锋模范意识,推动社会组织党员将志愿服务与城市治理、社区治理等相结合,促使志愿服务向基层下沉,满足基层治理需求。如浙江省杭州市上城区凯旋街道"凯益荟"社会组织党群服务中心推出红色影片周周看、党员服务日、党员志愿服务岗等红色公益系列活动,并对党员联系群众、提供服务的情况进行实时留痕,定期晾晒党员"先锋指数"和群众"服务指数",鼓励党员在公益服务平台上主动亮身份、积极争先锋,充分调动了社会组织党员参与公益活动的积极性。党员根据各自的服务专长,举办了咨询、培训等各类公益服务活动,如博雅心理咨询中心为辖区居民提供家庭关系咨询,乐种荟向城市居民赠送种苗、普及种植知识等。

(二)物质激励

除精神激励外,党组织也可通过补贴、落户积分等物质奖励提高社会组织党员参与基层活动的兴趣,进一步发挥党员的引领示范作用。如浙江省温州市永嘉县推出党员社区服务积分制,设定"1 人 1 月 1 小时"的志愿服务要求,实行计时积分,即 1 小时积 1 分,党员参与志愿服务活动可以积累服务积分,在指定的商店消费时可以凭借服务积分换取优惠,以此激发党员参与志愿服务的动力。又如广东省中山市则面向"两新"组织党员推出党员积分服务卡,采取"双向积分服务"模式,即"服务换积分,积分赢服务",党员参加组织生活、专业咨询、志愿服务、舆情报送等,均可获得相应积分,这些积分可与全市流动人口积分挂钩,转为入户、入学、入住廉租屋积分,并在学习、购物、交通等方面享受优惠,也可换成日常用品,在党员服务积分卡的激励下,许多"口袋党员""隐形党员"主动加入志愿服务队,参与无偿献血、课件学习等镇区活动,开展有序志愿服务。①

(三)榜样激励

党组织可以直接激励社会组织党员主动承担社会服务,也可以通过发挥社会组织党员对群众的带动作用间接激励群众支持和参与基层治理工作,促进社会和谐。如浙江省宁波市鄞州区景湖社区在成立之初面临着许多社会问题,社区舞蹈队、民乐队等社会组织之间因场地产生纠纷,居民随意摆放物品、占用公共空间等。为此,社区动员具有较高威望的党员组建老年协会,由老年协会出面监督社区内居民和社会组织的行为,并就矛盾纠纷发表意见,对利益相关主体进行劝导,成功缓和了各方间的紧张关系。在老党员的协调带动下,居民和社会组织对社区形成了强烈的认同感和归属感,自发地参与到社区的垃圾分类、衣服缝纫、文艺汇演等活动当中,提高了群众对社区事务和工作的参与度。

四、党建引领社会组织参与社会治理的动员机制

资源动员理论认为,社会运动所能动员的资源总量对社会运动的规模和成败产生重要影响。全面推行社会治理是一项综合性、系统性的社会工程,需要企业、社会组织、村社等各方组织的广泛参与,需要有效地调动各类社会资源、提供社会服务。因此,提高社会组织的资源动员能力对其推

---

① 中山两新党建网.广东中山市推行"两新"组织党员积分服务活动[EB/OL].(2014-05-21)[2022-08-01].http://dangjian.people.com.cn/n/2014/0521/c117092-25046714.html.

动社会治理现代化至关重要。动员主体的权威越高,动员对象越容易服从动员主体的指令(贺治方,2019)。中国共产党在中国人民中具有极高的威望和信誉,社会组织能够通过建立党组织、开展党建工作获得政治身份,并借助党组织身份的权威性增强自身的公信力,从而在提供公共产品和服务时充分调动组织内外部的各类资源,提升社会治理的效率与效果。

党建能够增强社会组织领导者的个人权威,帮助其调动社会组织内部资源,从而提高社会组织解决社会问题的效率。社会组织管理人员兼任党组织书记能够提升管理人员在组织中的权威性,使组织成员更加信服和支持管理者的决定,从而提高社会组织领导者的动员能力,使工作得以顺利开展。如浙江省瑞安市食品行业协会秘书长对细分的具体行业并不十分熟悉,业务工作也较难开展,但在任职党支部书记后,他能够借助党支部的平台发挥党员的作用,在帮助企业解决困难的过程中常常召集该行业的党员配合协会工作,帮助协会了解行业的详细规则和运营状况,极大地降低了协会解决问题的难度,提高了协会的服务效率。

除提升个人权威外,党建也能提高社会组织的社会认知度和公信力,帮助社会组织统筹安排行业内和区域内的资源配置,从而提升公益服务的规模与效率。如浙江省杭州市上城区凯旋街道“凯益荟”社会组织党群服务中心(以下简称凯益荟)借助区域化党建平台,积极动员社会力量,整合社会资源,提高自身的基层社会治理能力。凯益荟党委根据功能分类将社会组织整合进文化体育、社区服务、市民教育、疏导维权等6个党总支,实现了不同社会组织间的工作协同和资源共享,提升了社会组织的服务效能。同时,凯益荟党委启动“凯联盟·同心圆”区域化党建工作,加强了凯益荟与街道、社区、企业等组织的紧密联系,打造了“三社三微”公益服务体系。在这一体系中,居民是公益服务的需求方,凯益荟每年开展“三微”需求调研,收集辖区内居民对公益服务的需求;企业是公益资源的支持方,为公益活动开展提供资金、人力等支持;社会组织是公益服务的提供方,凯益荟党委在筛选居民服务需求的基础上,会梳理辖区内的公益资源,并引导社会组织有针对性地设计公益项目。由此,党建帮助凯益荟联动各方力量、调动各类资源,提升了凯益荟的公益活动效率。

五、党建引领社会组织参与社会治理的规训机制

福柯(Michel Foucault)(2012)提出"规训权力"这一概念,认为规训通过层级监视、规范化裁决、审查等技术手段全面细致、持续不断地影响个体的身体和精神,将个体建构成忠诚和有用的人。具体而言,规训对个体的影响主要表现为两方面:一方面,规训通过惩罚给人以威慑,迫使其遵守规范,并推动形成具有普遍性和强制性的道德体系和价值标准,促使人自觉约束行为,实现从他律到自律的转变;另一方面,规训也关注人的生产性,强调通过传授职业技能和知识方法培养对社会有用的人,并通过确立一种与其他个体相关联的组合体形式最大限度提高生产效率(张之沧,2004)。张克兵(2012)将规训理论应用于党员的教育管理,提出党员规训是指约束党员精神、引导党员行为的常态化、规范化训练活动,党组织建立科学合理的规训机制,使用党内教育、约束等手段,能够培养具有先进性的党员(张克兵,2012)。党组织以高标准规训社会组织党员,既能建构社会组织和所在行业的意识形态,推动形成良好的社会治理秩序,也能提升社会组织党员的知识能力,引领社会组织参与社会治理的正确方向,提高社会组织参与社会治理的效率。

党组织以常态化的组织生活等方式,使社会组织党员长期接受党的思想熏陶,并通过对照党章找差距等活动督促党员遵规守纪,这一系列党建活动会形成党员对自我行为的约束,对构建良性治理秩序起促进作用。如浙江省温州市物流商会党委选取经验丰富、工作负责的物流行业退休老党员担任党建监督员,对商会以及会员单位实施外部监督。党建监督员能够

参与商会重大会议和日常事务，监督商会财务收支状况。同时，党建监督员还会走访企业，指出企业行为的不当之处，并督促其改正。物流商会的这一系列党建活动使得会员企业黄赌毒等不良行为迅速减少，帮助商会大大改善了物流行业的风气。与之相类似，广东省食品医药行业协会党委积极动员企业参与和开展"三严三实"专题教育，在协会党委的指导和带动下，广发制药集团开展了为期一个月的"151自查行动"[①]，还发起员工签订廉政协议书活动[②]，香雪制药等51家会员企业也踊跃参加党委的"医药安全整顿百日行"活动，签订医药安全年度责任书[③]，加强了会员企业对诚实守法经营的重视，强化企业自律管理，推动了医药行业信用体系建设，促进医药行业健康发展。

党组织也能通过开展会议精神、政策解读等学习活动将政策信息和管理经验传授给社会组织，帮助社会组织了解中国共产党的方针政策，正确把握国家层面的战略意图，从而优化社会组织的战略决策，使其更好地为社会治理服务。如绿色浙江在党建活动中不断加强政治理论学习，帮助成员形成关注政治的意识，提高了成员解读政策和根据政策设计公益项目的能力，中央财经领导小组第十四次会议要求加快建立分类投放、分类收集、分类运输、分类处理的垃圾处理系统，绿色浙江就将置废作为工作重点，开展了"智慧绿房""绿土多""衣物重生""废油制皂"等项目，精准对接新时代社会治理需求，实现了社会组织党建、业务与社会治理的深度融合。

---

① 广东广发制药工会党支部. 严格自查，强化组织纪律性，确保三严三实圆满成功[EB/OL]. (2015-01-16)[2021-06-25]. http://www.dggfzy.com/content/? 445. html.

② 广发制药集团. 广东广发制药开展廉政作风建设暨员工廉政协议书签字仪式[EB/OL]. (2017-02-25)[2021-06-25]. http://www.dggfzy.com/content/? 477. html.

③ 欧志葵. 过去一年，广东制药年产值达 1695. 42 亿元[EB/OL]. (2019-03-15)[2021-06-25]. http://static. nfapp. southcn. com/content/201903/15/c2014193. html? colID＝16&firstColID＝16.

案　例

构建社会组织大党建格局，推动县域社会治理创新
——以浙江长兴县社会组织综合党委为例

2014 年 10 月，长兴县成立湖州市首个社会组织综合党委，在全省率先成立社会组织联合工会和综合妇联，在浙江省率先在社会组织综合党委的党委成员中设立统战委员，成立社会组织统战工作站，实践综合党委总协调下多部门联动的公益创投机制。也是全省率先通过党建群团工作引入社会资本参与公益创投，成立党建专家委员会、专业成长和评价委员会、标准化技术委员会，有力地推动县域社会组织党建工作。先后获得"全省城乡社区治理和服务成绩突出集体"、"浙江省巾帼文明岗"、"浙江省首批社会组织党群服务中心示范点"、"浙江省品牌社会组织"、"浙江省先进妇女组织"、"湖州市文明单位"、湖州民政系统"最美窗口"、"湖州市工人先锋号"、"全县民政工作先进集体"、"湖州市五星级党群服务中心"等多项殊荣。

(一)构建社会组织大党建格局

运行"三模式"，打造社会组织基层党建动力引擎，确保长兴县社会组织在党建引领下健康有序发展。

一是实体化运行，夯实全域社会组织党建基础。固定 5 个综合党委专职工作岗位，经费分别由县委组织部、县委统战部、县民政局、县总工会、县妇联等部门协商保障。按照"1＋4＋X"模式，以综合党委为核心，根据"公益慈善、文化体育、社区服务、社会事务"四大领域，分设 4 个党总支，覆盖若干同类型的社会组织，完善立体化的组织结构。

二是统群并重，构建全域社会组织党建格局。根据社会组织发展特点，在县社会组织综合党委委员中单设统战委员，成立社会组织统战工作

站。主动与县总工会、团县委和县妇联商讨,在全省率先建立了县级社会组织联合工会、联合团委和综合妇联,不但充实了社会组织党建的基本内涵、主要工作,还初步形成了党建促工建、带妇建团建、党工团建设等齐抓共促的大党建工作局面。

三是赋权直属,引领全域社会组织党建方向。长兴县社会组织综合党委直接隶属于县委"两新"工委,除了"兜底管理"外,被直接赋予领导和指导全县社会组织党建、县域社会组织党员发展审批、县域社会组织党组织(负责人)发展审批、县域社会组织党建工作的评优评先等四大职权。

(二)组建党建引领社会组织专业智库

成立"三委会",提升社会组织参与社会治理专业水平。

一是成立党建专家指导委员会。建立以属地行业主管部门的分管领导、社会组织领域专家教授及与社会组织开展业务相关的行业和领域的专家教授为主要成员的党建专家指导委员会,指导县域内社会组织发展与规划,为社会组织各项工作开展和标准化建设提供意见指导,为社会组织各项理论(课题)研究及咨询项目提供支持。

二是成立专业成长和评价委员会。社会组织综合党委的专业成长与评价工作由专业成长与评价委员会负责执行,对相关项目实施、人才培养和治理方式落到实处,评价结果与建议由专业成长与评价委员会定期向党委书记和党组织成员进行汇报,使党的监督通过社会组织参与治理的全过程得到了扎实体现。

三是成立标准化技术委员会。积极探索推动社会组织健康有序发展的标准化工作,累计起草有关社会组织领域的市级地方标准17部、县级地方标准4部,内容覆盖社会组织党群、培育、内部治理、项目运作和参与社会治理等方面,初步形成了较为完整的社会组织健康发展标准体系,引领社会组织规范化发展。

（三）探索创新党建引领多部门联动合作

创新"三联动"，在公益创投开展、治理人才培养、社区治理品牌打造方面实现多部门共同参与，激发全域党建活力。

一是联动开展公益创投。在承办公益创投过程中，在全市率先实践以党组织为协调平台的公益创投联动机制，县社会组织综合党委牵头，构建起了十家联动的公益创投机制，吸引更多的政府部门关注社会组织的发展，党的组织为社会组织发展提供了切实的物质保障。2021年，在综合党委领导下，已整合12家单位，筹措资金近200万元，开展公益创投，共落实项目50多个。

二是联动培养人才。综合党委联合县委组织部（"两新"工委）、县委统战部、县民政局、县总工会、团县委、县妇联、雉城街道、龙山街道、太湖街道等启动了"红治人才"的培养计划，择优选取县域内优秀党员社工和社会组织党员负责人（管理人员）、群团组织中从事社会工作和社会组织的人员进行培养，开展科学系统培训，内容涉及党建融合、专业成长、内部治理、监事体系、财务治理、作用发挥等6个方面，积极为党培养基层治理型人才。"红治人才"认证后，建立"优秀红治人才库"，可享受专项补贴奖励。

三是联动打造"红邻自治"社区治理品牌。综合党委联合城区主要街道，在激活社区治理活力方面，从顶层设计出发，协调与社区关联的党组织和党员，建立红邻长、红邻指导员、红邻自治社会组织为主要的服务载体和平台，以党建引领基层治理自治，坚持以党建凝聚社会力量，以党建引领专业参与社区治理和服务的社区治理方式开展红邻自治服务，形成了长兴县特有的社区治理品牌。

（四）党建引领社会组织参与社会治理成效显著

通过探索党建工作和社会组织发展的利益结合点，厘清自身与社会组织定位并明确党建工作的责任主体,让社会组织在思想上真正认同党的领导,从而最大限度地凝聚政治共识,促进政治认同,实现社会组织人士自觉自愿听党话、跟党走。截至 2022 年 5 月,长兴县社会组织党组织有 97 个(单建 63 个,联建、挂靠 19 个,功能型 15 个),党员 382 名;直接隶属于长兴县社会组织综合党委下的社会组织党支部 30 个,党员 66 名。综合党委所指导建立的 30 个社会组织党组织,没有一个是被动建立,真正做到了社会组织党建工作的实效化。综合党委结合实体运行经验建立了 20 多项社会组织党建工作制度,设立了每年近 50 万元的社会组织综合党委专项工作经费。在推动县级社会组织综合党委实体化运行的基础上,相继实现了社会组织统战工作站、社会组织联合工会、社会组织联合团委和社会组织综合妇联的实体化运行,成为浙江省首批社会组织党群服务中心示范点。

通过"党建＋项目""党建＋公益""党建＋创投"等,积极引导社会组织参与社会治理并承接政府职能,如指导百灵公益以众筹模式创办公益素食餐厅,通过社会爱心人士募股集资,增强运转经费来源,加强与企业和社会爱心人士联动,设立爱心代餐券,为弱势群体提供"免费的午餐";长兴县南太湖社会创新中心党支部开发运行县 6581890 社区服务热线、智慧居家养老系统、志愿者积分系统,携手社工服务中心党支部推出的幸福邻里会等 20 多个党建服务品牌已经深入人心。公益创投项目质量逐年提升,参与公益创投的资金量和项目数都位居全市各县之首。

同时,通过县社会组织综合妇联,综合党委承办了社会资金介入公益创投项目的路演会,10 个优秀公益创投项目得到了县女企业家 60 万元资助。通过工会组织与新经济组织党组织互动,发挥党的群团组织作用,引入社会资金,目前已经有"焕新乐园"等 4 个项目长期得到企业近 100 万元的资助。这得益于有效整合组织部门、民政部门、县级群团部门和主要属地街道的资源力量,推动社会组织党建工作落到实处,从而实现长兴县社会组织党建工作从"有形覆盖"到"有效覆盖"的提升。

案例分析题

1.浙江省湖州市长兴县是如何实现党建与社会组织参与社会治理相融合?

2.浙江省湖州市长兴县党建实践为其他地方社会组织开展党建工作推进社会治理提供了哪些借鉴?

3.请结合生活实际,列举一个党建引领社会组织参与社会治理的案例,并围绕理论、动力、局限、改进措施等视角对该案例展开分析。

第三章　政府培育推进社会组织参与社会治理

随着经济社会的不断发展,社会治理命题日趋复杂,民众诉求日益多元,社会组织作为重要的治理主体在政府职能转移和公共服务供给中发挥着举足轻重的作用。然而,社会组织自身能力建设不够、独立性不足使其常落入有心无力的窘境,不仅自身的可持续性发展受到了制约,而且在社会治理中的作用也遭到了削弱。因此,为了更好推进社会组织有效有序参与社会治理,打造共建共治共享的社会治理格局,政府仍需对其发展进行有效培育和有力扶持。

本章立足于中华人民共和国成立以来政府与社会组织关系变迁的理论背景与实践经验,从模式和机制两方刻画了政府培育社会组织的具体路径和运作机制。新中国成立以来,政府与社会组织的关系经历了由严格管控、分类控制到培育监管并重的转换。在此背景下,政府基于培育与控制并重的政策体系,利用引导型政策工具、市场型政策工具、基础型政策工具与分配型政策工具,采用直接型和间接型的培育模式实现对社会组织发展的扶持。为推动社会组织更好地参与社会治理,政府利用声誉效应、竞争效应、杠杆机制与选择性赋权增强了社会组织向社会筹措资金、提供服务与参与倡导等能力,助推社会组织在参与社会治理中实现能力提升和优势发挥。

第一节　政府与社会组织关系变迁

中华人民共和国成立为社会组织发展按下启动键,社会组织经历了从重新恢复到探索起步,再到成长兴盛的曲折发展阶段,留下了独具特色的历史轨迹。经过几十年的发展,社会组织的数量不断增加,规模不断扩散,作用不断增强,已成为社会治理的重要力量。截至 2021 年底,我国登记社会组织总数已经达到 90.1 万个,其中全国各省市基金会 8670 个、社会团体 36.9 万个、民办非企业单位 52.1 万个,形成了结构合理、功能完善、竞争有序、诚信自律、充满活力的社会组织发展格局。

不同于西方国家社会组织,中国社会组织的产生发展依赖于政府的培育扶持与规范控制。政府与社会组织关系变迁形塑着社会组织的发展状态,社会组织的作用发挥也影响着政府对社会组织的态度与抉择。在政府与社会组织关系变迁过程中,政府对社会组织的态度由"管控排斥"转变为"积极吸纳",对社会组织的治理策略也经历了"限制—规范—合作"的转变。根据政府对社会组织治理策略的不同,本章将政社关系的变迁分为严格管控阶段、分类控制阶段,以及培育与监管并重阶段。根据社会组织发展态势和社会治理需求,政府在不同阶段选择和调整了不同的社会组织管理体制,给予了社会组织不同的管理权限和培育力度,形成了不同特征的政社关系,对社会组织的能力发展和作用发挥产生了关键影响。

一、严格管控阶段(1949—2003 年)

1949—2003 年,社会组织作为新生社会力量进入社会活动领域,政府出于加强管理、巩固统治的考虑,对社会组织的产生和发展采取严格管控的措施。随着社会组织发展与社会治理需要,政府对社会组织的管理体制不断规范化和制度化,确定了归口管理、双重管理、分级管理以及非竞争性等一系列原则。从社会组织的发展进展来看,这一阶段可以划分为1949—1978年的全面管控时期和1979—2003年的双重管理时期(王燕红,2019)。

在这一阶段,政府与社会组织关系走向"冲突论"逻辑。冲突关系论极力推崇国家在公共服务中的作用,反对社会组织参与公共服务供给。这种观点认为,社会组织参与公共服务将妨碍专业公共服务体系的发展,而且在政府与志愿组织这样的各种中介机构之间,存在着固有的冲突——政府一直获胜的冲突(张文礼,2013)。在这种理论影响下,全面管控时期的政府对社会组织采取"取缔排斥"的战略,对社会组织采取行政性、强制性管制,在一定条件下以"清理整顿"等方式取缔不符合党的政治原则、国家利益、行政规范及社会需要的社会组织(王名,2012);双重管控时期的政府对社会组织采取"限制发展"的战略,突出表现为通过登记许可的入口管理严格限制社会组织的合法化,采取双重管理等高门槛制度安排严防死守,限制社会组织的产生、发育、活动和发展(刘培峰,2004;王名、刘求实,2007)。在这一时期,政府既作为公共服务的生产者,又作为公共服务的安排者,实现了对社会的高度整合,作为全能型政府进行社会管控。国家权力渗透进社会领域的每一个角落,严重挤压了社会组织的生存空间,导致这时期的政社关系整体处于"强政府—弱社会"的状态(叶成臣、周丽,2019)。

(一)全面管控时期(1949—1978 年)

中华人民共和国成立到改革开放前夕,在国家对社会资源的高度控制下,社会组织更多地作为由上而下设立的准行政机构参与社会活动,依附于政府发挥功能。这一时期,政府对社会组织采取全面管控,用行政控制方式在制度、权限以及资源上全面限制其独立性,挤压社会组织的发展空间。在管理制度上,政府对于社会组织采取多头管理的制度安排。社会组织从产生、运作以及人员安排上都受到政府的行政控制和全面干预。在产生方式上,社会组织由党和政府的有关部门直接指定,对社会组织的数量和规模有着严格的行政指标规定。《社会团体登记暂行办法》规定,设定的社会组织仅限于人民群众团体、社会公益团体、文艺工作团体、学科研究团体、宗教团体以及其他符合人民政府法律组成的团体;在实际运行中,社会组织的工作内容、机构体制以及领导职位都由政府统一安排;在人员组成上,社会组织的负责人由挂靠的行政单位指派或直接由行政领导兼任。在活动权限上,社会组织的工作计划和活动内容需要向政府或是主管部门进行汇报备查,由政府进行审核批准。《社会团体登记暂行办法》规定,凡在地方登记的社会团体,每年定期由省(市)或大行政区人民政府内务部审查。同时,社会组织参与社会治理的范围和内容都受到了严格的限制,原先拥有的职能被大量地削减和压缩,对其参与领域的实质性管理权限被回收集中于政府的行政机构。在资源筹措上,这一阶段的社会组织资金来源单一,对政府的财政资助依赖严重。政府对社会组织的筹款资格和接受外国资金实行严格控制(Ljubownikow & Crotty,2014),因此社会组织在筹集资金、开展活动以及扩充成员等方面都依赖于政府的资金注入。

在这一时期,政府与社会组织的关系处于命令和服从的两端,政府通过严格的管控制度安排、多层级的管控机构设置以及财政资源渠道管控来实现对社会组织机构体制、人员安排以及活动内容的全面干预与把控,社会组织的整体发展呈现出数量少、规模小以及能力弱的特征。据统计,在20世纪50年代初,全国性社团只有44个,1965年不到100个,地方性社团也只有6000个左右。①

---

① 中华人民共和国民政部. 从中国慈善走向慈善中国的70年[EB/OL]. (2019-09-27)[2021-07-25]. http://www.mca.gov.cn/article/xw/mtbd/201909/20190900019937.shtml.

（二）双重管理时期（1979—2003 年）

1978 年党的十一届三中全会的召开实现了政治、经济以及社会体制的深远变革。在社会利益分化，传统单位制逐步瓦解以及政府职能转换的背景下，社会组织迎来了新一轮的发展：具有政府背景的社会组织开始出现，国际非营利组织重新进入中国。社会组织的数量和规模得到了进一步的增长和扩大。在这一背景下，全面管控的制度体系已经不再适应社会组织管理的需要。由于对社会组织的审批权限交叉重合，社会组织重复设置、多头审批的现象屡见不鲜（王雁红，2018）。

为了强化对社会组织的管理，规范社会组织的运作，政府逐步确立了双重管理体制对社会组织进行管控。1988 年，民政部成立"社团管理司"，为社会组织的统筹管理奠定了组织基础。1989 年，国务院颁布了《社会团体登记管理条例》，对社会组织的成立条件、登记程序、管辖机构以及监督体制等作了相应规定，初步确立了"社会组织的登记管理统一归口于县级以上政府各级民政部门负责，社会团体的业务活动受有关业务主管部门的指导"的归口管理、双重负责的管理原则，要求业务主管部门和登记管理机关对社会组织的日常活动进行双重管理。

1998 年，《社会团体登记管理条例》《民办非企业单位管理暂行条例》的出台进一步确定了双重管理体制的基本内容。在管理机关上确定了社会组织登记机关为国务院民政部门和县级以上地方各级人民政府民政部门，社会组织的业务管理机关是国务院、县级以上地方各级人民政府有关部门以及县级以上地方人民政府授权的组织；在管理机制上，确定了对社会组织按照其开展活动的范围和级别，实行分级登记、分级管理；在成立条件上，确定了限制竞争的"一业一会"原则，即为了避免社会组织之间展开竞争，禁止在同一行政区域内设立业务范围相同或者相似的社会组织。对于"在同一行政区域内已有业务范围相同或者相似的"社会团体和民办非企业单位,登记管理机关在做出"没有必要成立"的判断时,可不予登记。

　　在政府双重管理体制安排下,这一时期的政府与社会组织的关系呈现出政府主导、单向依附的特征。在社会组织的产生路径上,社会组织的发展呈现出以官办社会组织为主,官方社会组织、行业协会、草根社会组织、民办非企业单位、国际非营利组织等多种组织形态并存的局面(王雁红,2018)。由于承接政府机构改革下人员分流的需要,自上而下设立的官办社会组织的数量大幅增加,1995 年世界妇女大会以及"非政府组织论坛"的召开促进了草根社会组织的发展壮大,一部分国际非营利组织也入驻中国开展活动。但是由于限制竞争的原则一定程度上抬高了社会组织的准入门槛,限制了社会组织自下而上设立的渠道,具有党政背景的社会组织更容易获得活动资源和合法身份。因此,官办社会组织的数量依然占优,社会组织总体行政色彩严重。在社会组织的活动权限上,政府保护社会组织按照其法律、法规以及章程展开工作,在一定程度上扩大了社会组织的服务和活动领域。但业务主管单位以及登记管理机关对社会组织的人事权、决策权依然拥有主导话语权,社会组织拥有的独立权限依然十分有限;在社会组织的资源筹措上,社会组织对于政府的财政资助高度依赖。社会组织的活动资金大部分来源于政府的拨款,社会组织的人员动员和工作开展需要依仗政府的财政资助来获得合法性身份,同时社会组织的运作也受到政府财政资源的限制,需要遵守政府的意志来进行活动(Hildebrandt,2011;Jing,2015)。

　　总之,在严格管控阶段,政府与社会组织的关系呈现出控制与被控制、依附与被依附的特征。政府通过对社会组织施加"分级控制"或"嵌入式控制",控制其资源和机会(Kang&Han,2008;Ni&Zhan,2017),社会组织依赖政府获得财政资源和合法性身份。但由于政府对社会组织实施严格管控和全面干预,社会组织的发展整体处于建设能力不足、发展不充分的状态。

二、分类控制阶段（2004—2011 年）

在市场经济、信息技术革命、政府职能转变、全球化等多重因素的推动下，社会组织发展进入高速成长期。2004 年《基金会管理条例》允许个人和企业自发设立非公募基金会后，非公募基金会的数量大幅增加；2008 年，在南方冰雪灾害、奥运会、汶川地震中，社会组织的大规模参与彰显了社会组织的能力和活力。在社会组织数量大量增长的背景下，旨在加强管控的双重管理体制的弊端也日渐凸显：对自下而上建立的社会组织实行"不承认，不禁止，不干预"政策，导致大量民间社会组织在没有获得合法身份的同时也游离于监管之外。为了适应社会组织发展以及社会管理需要，政府对社会组织的管理实现了由严格管控到分类控制的转向。从社会组织在社会治理中的作用发挥情况来看，这一阶段可以分为 2004—2008 年的规范控制时期以及 2008—2012 年的分类管理时期。

这种控制方式和管理体制上的转变体现了全能型政府向有限政府转变的过渡。在政府直接提供公共服务的角色超载和低效率与居民需求多样化的强烈冲突下社会组织具有的活力以及优越性逐步彰显，政府对社会组织的管控开始逐步放松，并对社会组织进行一定的职能让渡和培育发展。对此康晓光和韩恒提出社会组织的"分类控制"体系，即政府基于自身利益，根据社会组织的挑战能力和可以提供的公共物品，对不同的社会组织采取不同的控制策略。在分类控制体系中，政府对于不同社会组织实行差别化培育和监管方式，对具有不同性质的社会组织让渡了不同的发展空间和管理权限（王世强，2013）。政府对社会组织的管理战略也从"取缔限制"走向了以"较高的制度化水平、较强的吸纳能力、明确的重点识别和区分以及多元化的管理手段"为特征的嵌入式监管战略，不仅规范了社会组织的管理，而且有效地吸纳了社会组织提供公共服务的补位（刘鹏，2011）。

在这种体系中,政府和社会组织的关系发生了由限制走向吸纳、由忽视走向扶持、由排斥走向合作、由抑制走向培育的转变(刘鹏,2011)。但在分类控制体系中,社会组织和政府的合作仍处于政府主导下,社会组织起到的只是"拾遗补缺"的有限作用,并未完全成为独立的治理主体进入社会治理领域。

(一)规范控制时期(2004—2007年)

2004年,《基金会管理条例》的出台突破了只有政府及其相关部门才能设置基金会的制度屏障,非公募基金会异军突起。这一自上而下设定的、自主性强的社会组织新形态大大激发了社会组织活力,改变了社会组织生态。以此为标志,政府对社会组织的态度也出现了由压制规限走向规范吸纳,一方面在制度上放宽了对社会组织的登记、注册限制,并给予一定的辅助支持;另一方面从管理体制上减少社会组织对政府的依附性,强化社会组织的能力建设。

在登记、注册条件的放宽上,政府在这一时期对社会组织的双重登记制度进行调适,成立专门机构取代业务主管部门来负责社会组织的登记和注册,这一规定降低了社会组织的注册、登记门槛,并将其纳入社会管理体系中。地方对这一变革首先进行了探索,例如,2002年上海市政府率先成立了行业协会发展署,负责管理行业协会事务,以解决行业协会登记困难问题;2004年深圳市成立行业协会服务署,统一行使业务主管单位的职责。2006年广东省颁布了《广东省行业协会条例》,全面取消行业协会业务主管单位,将行业协会的登记和管理职能统一交由民政部门行使(王雁红,2018)。

在管理体制转变上,政府强调要发挥社会组织的功能,开始采用脱钩改革等方式减少社会组织的官办色彩,支持社会组织增强独立性和加强自身能力建设。在制度设计上,自2004年起,社会组织管理体制的构建和完善被作为重要命题在党和国家发布的重要政策文件中被提及和阐述。2004 年政府工作报告中提出"把不该由政府管的事交给企业、社会组织和中介机构"，首次在官方文件中提出了"社会组织"的概念。2006 年 10 月，十六届六中全会通过《关于构建社会主义和谐社会若干重大问题的决定》，进一步对"社会组织"的概念进行了系统论述。2006 年发布的《关于构建社会主义和谐社会若干重大问题的决定》关于"健全社会组织，增强服务社会功能"的条款中提出要"发挥行业协会、学会、商会等社会团体的社会功能，为经济社会发展服务。发展和规范各类基金会，促进公益事业发展。引导各类社会组织加强自身建设，提高自律性和诚信度"。2007 年国务院出台了《关于加快推进行业协会商业改革和发展的相关意见》，明确了行业协会商会改革的市场化方向。

在地方实践中，地方政府通过财税优惠、提供资金等方式加大了对社会组织的扶持力度，同时通过适用去行政化改革的方式来强化社会组织独立性建设。以上海为例，在社会组织扶持上，自恩派于 2006 年在上海首创"公益孵化器"模式后，17 个孵化基地在上海市政府相关部门的主导推动和资助下，于 2009 年到 2015 年间先后落地市、区、街镇，为具有创新性、契合社会需要的社会组织提供办公场所、财务管理、资金募集、项目策划运作等支持性服务。在社会组织去行政化改革的推进上，2002 年上海在全国率先推行行业协会"人员、机构、财务、资产"与政府机关分开，并于 2009 年将政社分开的范围扩大到企业协会、商会。

在这一时期，社会组织的作用和活力得到了初步显现，政府对社会组织的态度也出现了积极转向，有关社会组织管理的规范政策和文件大量出台，对社会组织的自主化改革以及培育扶持措施也在地方展开了积极的探索和尝试。

（二）分类管理时期（2008—2011 年）

在 2008 年冰雪灾害、汶川地震以及奥运会中，社会组织的深度参与和大规模动员在灾后重建以及社会建设方面发挥了巨大的作用,极大彰显了社会组织参与社会治理的巨大潜力。在这样背景下,政府开始尝试站在主导地位,与社会组织在提供公共服务以及承接政府职能等方面展开合作,同时对于不同社会组织根据其不同功能与定位,采取不同的策略进行分类管理。在这一时期,政府一方面对社会组织发展进行分类规范指导,并不同程度地鼓励社会组织参与公共服务;另一方面继续深化政府对社会组织的管理体制变革,加大社会组织的脱钩改革力度,强化社会组织的自主性和独立性。

在指导方式的变革上,这一时期政府在社会团体、行业协会商会以及民办非企业单位的三大分类基础上,根据社会组织的性质、功能、结构等特点对其进行类别划分,相应地采取了不同管理政策和制度形式加以规范和指导(王名,2011)。2012年《民政事业发展第十二个五年规划》中指出要重点培育和优先发展经济类、科技类、公益慈善类和社区服务类社会组织,并且制定社会组织行为规范和活动准则,实行社会组织分类评估制度;2016年国家"十三五"规划指出对社会组织实行分类登记制度的同时,对不同类别的社会组织提出了不同的管理重点:支持行业协会商会类、科技类、公益慈善类、社区服务类社会组织的发展,同时加快行业协会商会与行政机关的脱钩进程。同年,《民政事业发展第十三个五年规划》(以下简称《规划》)中明确了对社会组织进行分类指导的方针,根据社会服务的需要以及社会组织的功能,对不同社会组织实施了不同的指导政策,例如针对行业协会商会的发展,《规划》指出要创新行业协会商会管理体制和运行机制,提升行业服务功能;针对科技类社会组织的发展,《规划》则认为要提升科技类社会组织创新和服务能力,拓宽科技类社会组织参与公共科技服务渠道是管理的重点;对于民办非企业的发展,《规划》认为需要完成民办非企业单位向社会服务机构转换,发挥其在提供社会服务、管理社会事务中的积极作用。

　　在管理体制的变革上，随着社会组织在承接服务、职能转移方面发挥的作用和功能愈加凸显，政府对社会组织发展作了进一步规范引导，逐步形成、构建了党委领导、政府负责、社会协同、公众参与的社会组织管理制度框架（王雁红，2018），确定了对社会组织培育发展与规范管理的方针。一方面，政府对社会组织的发展扶持力度进一步加强，给予了社会组织参与社会治理的机会；另一方面，也要求社会组织加强自身能力建设，提高自身独立性和功能性。在这一时期，中央发布了一系列重要政策文件确定社会组织管理体制的总体框架，地方政府通过继续加大对社会组织的扶持以及深化社会组织自主化改革的方式践行社会组织管理体制的基本内容。

　　在中央对社会组织管理体制的制度设计上，2011年出台的《中共中央国务院关于加强社会创新管理的意见》中提出要"初步形成党委领导、政府负责、社会协同、公众参与的社会管理格局"，并推进社会管理理念、体制、机制、制度、方法创新。2012年出台的《民政事业发展第十二个五年规划》中对社会组织的监管体制、党建工作、行为规范等方面提出指导意见，丰富了社会组织管理体制的内容。在社会组织的地方实践上，广东省率先展开了对社会组织的直接登记改革尝试，上海市则确定了鼓励社会组织自主发展的相关政策。2010年，广州在市一级涉及领域范围广，不具有行业特征的科技类民办非企业单位中，取消业务主管单位，由民政部门直接登记管理试点工作，为社会组织的自主登记以及独立建设提供了便利。同年，上海市第十三届人民代表大会常务委员会在修订版的《上海市促进行业协会发展规定》中明确了社会组织直接登记、政社分开、人员职业化发展、建立退出机制等重要事项。① 这些举措都加快了社会组织的自主性建设和去行政化发展。

　　综上，在政府对社会组织的分类控制阶段，政府对社会组织的管控放开，扶持力度加大，在职能和服务上都进行了一定的让渡和转移，形成了政

---

① 解放日报.多方合力培育发展社会组织［EB/OL］.（2013-07-25）［2021-06-23］. http://theory.people.com.cn/n/2013/0725/c40531-22325330-4.html.

府主导下的协同合作关系。政府在特定范围内降低了社会组织注册、登记的门槛,给予了社会组织参与社会治理的空间和提供服务、发挥功能的机会,对社会组织在资金、场地等方面进行一定资源扶持的同时,也通过在人员、职能、机构等方面的脱钩改革降低了社会组织的依附性,强化了社会的独立身份。这一时期,中国社会组织的数量大幅上升,其自主性、组织能力和社会影响力不断扩大,社会组织在社会经济发展中的作用日益凸显(邓国胜,2018)。

三、培育监管并重阶段(2012 年至今)

2012 年党的十八大以后,中国政府将发展社会组织纳入了社会治理创新的重要范畴,激发社会组织活力、培育发展社会组织成为政府开展社会治理的着力点。随着社会组织在公共服务和社会治理方面具有的资源优势和积极效用在政府简政放权、职能转换后逐步凸显,政府发布了一系列优惠和培育政策,以政府购买服务与转移政府职能等多种方式来优先培育和赋能社会组织,同时针对社会组织蓬勃发展后出现的发展乱象,政府也进行了综合规制和监管,逐步呈现出培育与监管并重的特点。在这一时期,政府与社会组织的关系由"行政吸纳社会"的控制导向逐步转向了以"共生关系"为归处的培育导向,政府对社会组织进行了更大程度的赋权和更多样化的监管,社会组织逐渐以平等的伙伴关系与政府在社会治理领域展开合作。

2012 年党的十八大确定了对社会组织的培育发展动向,提出要"加快形成政社分开、权责明确、依法自治的现代社会组织体制",将社会组织改革发展及其在社会治理中的重要作用提到了前所未有的高度。此后,政府一方面通过消解社会组织发展的体制障碍、让渡服务和治理权限为其释放发展空间,另一方面通过开展专项培育计划为社会组织的能力提升提供支持。2013 年 3 月,国务院发布了《国务院机构改革和职能转变方案》,要求对行业协会商会类、科技类、公益慈善类、城乡社区服务类社会组织实行民政部门直接登记制度,为社会组织的登记注册降低了门槛,极大地释放了社会组织的生存发展空间。2013 年 9 月国务院办公厅印发《关于政府向社会力量购买服务的指导意见》,提出要构建多层次、多方式的公共服务供给体系,在教育、就业、社保、医疗卫生、住房保障、文化体育及残疾人服务等基本公共服务领域,要逐步加大政府向社会力量购买服务的力度;在非基本公共服务领域,要更多更好地发挥社会力量的作用,这大大拓宽社会组织参与公共服务的范围,为社会组织更加积极地参与社会治理提供了实践平台。党的十八届三中全会提出,要改进社会治理方式,激发社会组织活力,适合由社会组织提供的公共服务和解决的事项交由社会组织承担,社会组织参与社会治理的活力被极大激发(邓国胜,2018)。

在为社会组织拓展发展空间和让渡服务权限的同时,社会组织发展不平衡不充分、整体发展水平滞后等困境也逐步凸显。民政部、财政部出台了一系列专项培育行动计划以及发展规划,为社会组织更好地参与社会治理提供资源支持和制度保障。自 2012 年起,财政部每年拨付 2 亿元支持社会组织参与社会服务,动员和支持了一大批社会组织投身于社会服务领域,在保障和改善民生、加强和创新社会治理方面取得了卓越的成效。2018 年 9 月,民政部印发了《"互联网＋社会组织(社会工作、志愿服务)"行动方案(2018—2020 年)》,推进了社会组织网上办事、信息系统建设以及数据共享的进程,增强社会组织运用互联网优质资源开展活动的能力,激发社会组织创新发展的活力,促进社会组织利用"互联网＋"更高效、精准地参与到社会治理中。

2020 年 10 月,党的十九届五中全会通过《中共中央关于制定国民经济和社会发展第十四个五年规划和二〇三五年远景目标的建议》,指出"'十四五'期间要努力实现社会治理特别是基层治理水平明显提高"的目标,强调了社会组织在基层治理中的作用,同年 12 月,民政部印发了《培育发展社区社会组织专项行动方案(2021—2023 年)》,针对社区社会组织发展短板,以培育发展、能力提升、作用发挥为重点,进一步推动社区社会组织的数量增加、质量提升,为社会组织在人人有责、人人尽责、人人享有的社会治理共同体中更好发挥作用提供了机遇和支持。2021 年 3 月,《中华人民共和国国民经济和社会发展第十四个五年规划和 2035 年远景目标纲要》出台,再次明确了社会组织在共同富裕新阶段对于激发社会治理活力的重要作用。为了规范和畅通社会组织参与社会治理的渠道,民政部随后在 2021 年 6 月和 9 月先后出台了《"十四五"民政事业发展规划》和《"十四五"社会组织发展规划》,这两份纲领性文件的出台确定了社会组织发展的未来图景:党建引领、统一登记、各司其职、协调配合、分级负责、依法监管的中国特色社会组织管理体制更加健全;政社分开、权责明确、依法自治的社会组织制度更加完善;结构合理、功能完善、竞争有序、诚信自律、充满活力的社会组织发展格局更加定型。在政府一系列培育政策的扶持下,社会组织发展由"数量增长"转向了"质量提升",进入了高速发展时期。

自从政府对社会组织确定了培育动向,出台了社会组织直接登记制度后,社会组织的发展空间被极大地释放,但也导致了登记机关监管力量薄弱、制度化合作机制不足以及统一监管平台缺失等困境(倪咸林,2017)。为了实现对社会组织的有效监管,紧密与社会组织的合作,2014 年后,中央及地方政府开始探索建立对社会组织的综合监管体系,规范社会组织有序参与社会治理。综合监管体系的建立强调对社会组织采取放管并重的原则,加强对社会组织的事中事后监管,实现"脱钩不脱管"。管理方式也相应地由原来的行政化准入逐步转变为政府部门综合监管与服务和社会组织自治自律相结合,大大丰富了对社会组织监管方式的全面性和多样性。2014 年,上海市在实施社会组织直接改革后,同步出台综合监管体系意见,提出要建立"法律监管有力,政府监督有效,社会组织自我监督有方,社会公众监督有序"的"四位一体"的综合监管体系(蒋蕊,2014)。2015年,民政局发布了《关于探索建立社会组织第三方评估机制的指导意见》,确定了社会组织第三方评估的原则和思路,在淡化社会组织评估行政色彩的同时加强对社会组织的事中事后监管,成为社会组织综合监管体系的重要内容。

2016年发布的《关于改革社会组织管理制度促进社会组织健康有序发展的意见》中确立了对社会组织放管并重的管理原则,并提出应构建"统一登记、各司其职、协调配合、分级负责、依法监管的中国特色社会组织管理体制",同年为了完善行业协会商会与政府脱钩改革后的管理要求,国家发展改革委等10部门印发了《行业协会商会综合监管办法》,从完善法人治理体制、加强资产与财产监管、加强服务与业务监管、加强纳税和收费监管以及加强信用体系建设和社会监督五方面提出要建设专业化、协同化、社会化的监督规范机制。这一办法的出台确定了社会组织综合监管体制的基本框架对践行社会组织"放管并重"原则指明了实现方向。2016年和2017年先后实施的《慈善法》和《境外非政府组织境内活动管理法》使社会组织的慈善活动与监管有法可依。

党的十九大报告中提出共建共治共享的社会治理格局,再次强调要建设"党委领导、政府负责、社会协同、公众参与、法治保障"的社会治理体制,并强调推动社会治理重心向基层下移,发挥社会组织作用(邓国胜,2018)。随着"两随机,一公开"、信用信息管理、重大事项报告等多样化的监管措施的逐步出台以及国家社会组织法人库、全国社会组织信用信息公示平台、全国慈善信息公开平台等信息化平台的全面上线,一个针对社会组织的综合监管体系被逐步搭建和完善起来。2021年3月22日,民政部等22部门联合发布通知,要进一步加大打击整治非法社会组织力度,全方位铲除非法社会组织滋生土壤,为进一步规范社会组织的运作净化了生态空间,彰显社会组织监管全面化和规范化又上新台阶。

综上所述,在这一阶段,政府与社会组织由非对称性依赖关系转向了相互依赖的协同合作关系。政府通过职能转移、购买服务以及资金扶持的方式让渡社会治理权限,赋予社会组织合法性地位和发展资源,培育社会组织参与社会治理。社会组织也在培育扶持下通过承接政府项目试点、与政府部门构建良好的关系网络等策略性行为积极地参与经济发展以及承接政府职能,推进政府与社会组织关系的调整(郁建兴、沈永东,2017)。在"调适性合作"的框架下,政府和社会组织合作的领域不断扩大,合作的程度不断深化,政府对社会组织管理的制度化水平不断提升,党领导下的政府与社会组织的新型协同合作关系日趋成型(邓国胜,2018)。

第二节　政府培育发展社会组织的政策体系、政策工具与模式选择

政府培育发展社会组织是推进社会组织参与社会治理的重要方式和必然选择。政府培育发展社会组织是指政府赋权赋能社会组织,推动社会组织规范化、高质量建设,在参与社会治理中更好地发展,并在社会治理中发挥有效作用。经过数十年的发展,我国政府培育发展社会组织已经形成了相对稳定的政策体系、政策工具与模式选择。政府培育发展社会组织的政策体系塑造了社会组织发展的宏观制度环境,体现了党和政府培育发展社会组织的方向与路径,对社会组织发展具有基础性和决定性作用。政策体系包含基础性制度环境、政府培育发展社会组织的途径以及政府监督规范社会组织的手段等三个方面内容。在此基础上,政府培育发展社会组织运用不同政策工具组合拳,最大程度地推动社会组织健康有序发展,激发社会组织参与社会治理活力。政策工具可以概括为基础型工具、分配型工具、市场化工具和引导型工具四大类;培育发展模式可以分为直接性和间接性两大类。

一、政府培育发展社会组织的政策体系

我国政府培育发展社会组织的政策体系(见图 3.1)主要分为三个部分:一是基础性制度环境,主要由与社会组织相关的基础性法律法规和基础性政策,以及党和政府对社会组织的总体性塑造。基础性制度环境从顶层设计层面,统筹政府培育发展社会组织的途径和监督规范社会组织的手段。二是政府培育发展社会组织的途径,主要通过政府资助、税收优惠、人才培养等正向引导与激励赋权社会组织发展。三是政府监督规范社会组织的手段,主要通过社会组织党建、注册登记、信息公开、年检审计、等级评估、信用管理、抽查整治等方式规范社会组织发展。

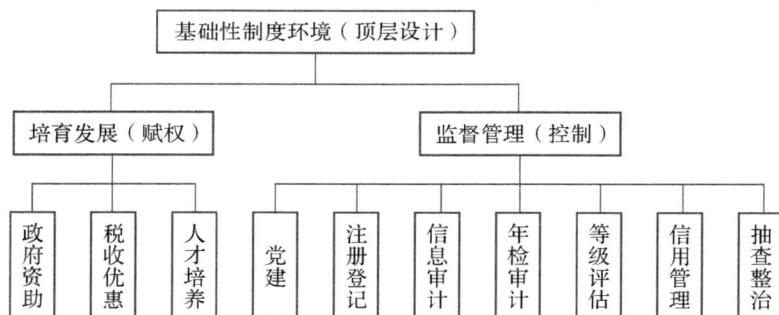

图 3.1 我国政府培育发展社会组织的政策体系框架

(一)基础性制度环境

在基础性制度环境方面,虽然当前我国尚未出台社会组织基本法律,但与社会组织相关的法律法规逐渐完善。社会组织的法律基础主要包括《中华人民共和国民法典》(以下简称《民法典》)、《中华人民共和国慈善法》(以下简称《慈善法》)。2020 年 5 月 28 日,十三届全国人大三次会议表决通过了《民法典》,自 2021 年 1 月 1 日起施行。就社会组织治理而言,《民法典》回应社会关切，给予社会组织非营利法人分类的精准定位，如《民法典》第八十七条明确了非营利法人的定义，并规定非营利法人包括事业单位、社会团体、基金会、社会服务机构等，这是我国第一次以法典形式将社会团体、基金会、社会服务机构等社会组织完整纳入非营利法人类型。《民法典》还引入"捐助法人"概念，为社会组织分类规范提供了明确依据，如《民法典》第九十二条对捐助法人进行了定义："具备法人条件，为公益目的以捐助财产设立的基金会、社会服务机构等，经依法登记成立，取得捐助法人资格。"这一规定首次将社会服务机构（即"民办非企业单位"）与基金会并列成为捐助法人，并在此基础上对其组织机构、剩余财产处置等做出同等规范。《民法典》也提出组织机构设置等治理要求，为社会组织治理重塑提供了制度保障，如《民法典》第九十一条对社会团体的章程、组织机构（权力机构、执行机构）、法定代表人做出规定；第九十三条对捐助法人的章程、组织机构（决策机构、执行机构、监事会）和法定代表人做出规定。《民法典》的颁布对于走好中国特色社会组织发展之路奠定了重要的制度基础，也对新形势下做好社会组织立法工作指明了新方向、提出了新要求。

《慈善法》由中华人民共和国第十二届全国人民代表大会第四次会议于 2016 年 3 月 16 日通过，自 2016 年 9 月 1 日起施行。《慈善法》是我国出台的第一部关于慈善事业的基础性、综合性法律，从法律层面明确了"慈善组织"的概念、范围以及慈善活动等内容，系统规范了慈善行为，对慈善事业发展具有重要意义。《慈善法》对慈善组织、慈善募捐、慈善捐赠、慈善信托、慈善财产、慈善服务、信息公开、促进措施、监督管理、法律责任等内容作了规定，对于落实社会组织改革举措，优化社会组织成长结构，撬动社会领域的供给侧改革产生了一系列实质性助推作用。《慈善法》有助于公益社会组织的直接登记和税收优惠等改革举措的落地，为社会组织力量大发展提供新的动力；对社会组织发展方向发挥重要调节作用，成为优化社会组织结构和强化社会组织公益慈善功能的杠杆；可以撬动社会领域的供给侧改革，让社会组织在社会领域成为拉动公益经济和慈善就业的新增长极。同时，《慈善法》关于政府不得直接募捐和摊派的规定、关于慈善组织的内部治理和行为准则的规定、关于强化公益慈善相关信息公开的规定、关于慈善组织募捐收入和公益支出以及管理费用的规定等都对规范社会组织和慈善事业健康发展、促进良性政社关系的建立、促进社会治理的进步，产生了积极作用(马庆钰、井峰岩，2016)。

　　同时，党和政府对于培育发展社会组织的态度也变得更加积极、重视。2016 年《关于改革社会组织管理制度促进社会组织健康有序发展的意见》开启了政府放管并重、培育发展社会组织的新阶段。从降低准入门槛、积极扶持发展、增强服务功能等三方面大力培育发展社区社会组织，提出完善扶持社会组织发展的系列政策措施，如支持社会组织提供公共服务、完善财政税收支持政策、完善人才政策、发挥社会组织积极作用，同时强调依法做好社会组织登记审查、严格管理和监督、规范社会组织涉外活动、加强社会组织自身建设、加强党对社会组织工作的领导等内容。2018 年，党的十九届三中全会明确提出了推进社会组织发展的要求：激发社会组织活力，克服社会组织行政化倾向；适合由社会组织提供的公共服务和解决的事项要由社会组织依法提供和管理；加强对各类社会组织的监管；推动社会组织规范自律；加快在社会组织中建立健全党的组织机构，做到党的工作开展到哪里，党的组织就覆盖到哪里。2019 年，党的十九届四中全会明确提出社会组织参与社会治理的要求：发挥群团组织、社会组织在社会治理创新中的作用；发挥行业协会商会自律功能。2021 年 6 月，民政部《"十四五"民政事业发展规划》明确强调，推动社会组织健康有序发展，要从完善党领导社会组织制度、深化社会组织领域改革、提升社会组织服务能力、健全社会组织综合监管体系来有效推动社会组织发展。2021 年 7 月，《关于加强基层治理体系和治理能力现代化建设的意见》正式出台，提出要"培育扶持基层公益性、服务性、互助性社会组织。支持党组织健全、管理规范的社会组织优先承接政府转移职能和服务项目"。"完善社会力量参与基层治理激励政策,创新社区与社会组织、社会工作者、社区志愿者、社会慈善资源的联动机制",这是党和政府对社会组织参与基层社会治理提出的新要求和新方向。

(二)培育发展和监督规范的政策体系

在培育发展社会组织方面,政府采取的政策方式主要有政府资助、税收优惠和人才培养。政府资助主要体现在政府购买社会组织服务、激发社会组织参与社会治理的积极性,相关政策法规如《中央财政支持社会组织参与社会服务项目资金使用管理办法》(财社〔2012〕138号)、《财政部、民政部关于通过政府购买服务支持社会组织培育发展的指导意见》(财综〔2016〕54号)、《政府购买服务管理办法》(财政部令第102号)。社会组织税收优惠主要包括社会组织本身的税收优惠政策和公益捐赠的税收优惠政策两方面,相关的政策法规如《关于非营利组织免税资格认定管理有关问题的通知》(财税〔2018〕13号)、《关于公益性捐赠支出企业所得税税前结转扣除有关政策的通知》(财税〔2018〕15号)。社会组织人才培养主要是为了加强社会组织的人才队伍建设,相关的政策法规如《关于加强社会工作专业岗位开发与人才激励保障的意见》(民发〔2016〕186号)、《民政部关于加强和改进社会组织薪酬管理的指导意见》(民发〔2016〕101号)。

在监督规范社会组织方面,政府采取的政策工具主要有社会组织党建、注册登记、信息公开、年检审计、等级评估、信用管理、抽查整治。党建引领是社会组织发展的基础性要求,2015年中共中央办公厅印发《关于加强社会组织党的建设工作的意见(试行)》,对社会组织党建作出重要部署,要发挥党建在社会组织中的监督规范作用。在注册登记方面,党和政府在2016年推出《社会组织登记管理条例(草案征求意见稿)》,进一步完善社会组织的注册登记制度。在社会组织管理规范化方面,党和政府对社会组织的信息公开、年检审计、等级评估、信用管理、抽查整治作出相关规定,出台的政策如《慈善组织信息公开办法》(民政部令第 61 号)、《基金会年度检查办法》(民政部令第 30 号)、《社会组织评比达标表彰活动管理暂行规定》(国评组发〔2012〕2 号)、《社会组织评估管理办法》(民政部令第 39 号)、《民政部关于探索建立社会组织第三方评估机制的指导意见》(民发〔2015〕89 号)、《社会组织信用信息管理办法》(民政部令第 60 号)、《民政部办公厅关于全面推进社会组织统一社会信用代码制度建设有关事项的通知》(民办函〔2017〕84 号)、《社会组织抽查暂行办法》(民发〔2017〕45 号)等,这些制度对我国高质量建设社会组织发挥了重要作用,有利于进一步发挥社会组织参与社会治理的有效性。

在顶层设计之下,政府在政策层面采取培育发展与监督规范并重的方针,赋权与控制社会组织发展。同时,政府对社会组织的培育发展与监督规范之间可以在一定条件下相互转换,没有明确界限:一方面,政府培育发展社会组织的政策工具可以转化为监督规范的控制型工具,如政府通过财政资源支持实现与社会组织目标的整合,使社会组织服务于政府的优先政策取向,还可以通过给予或收回税收减免待遇来影响企业和公民向社会组织的捐赠(敬乂嘉,2016);另一方面,政府改进或放松监督规范的政策也可以起到培育发展社会组织的目的。如政府通过党建为社会组织链接资源,提高社会组织政治资本(沈永东、虞志红,2019),通过简化登记注册程序,促进行业协会商会类、科技类、公益慈善类和城乡社区服务类四类社会组织直接登记、优先发展,还可以通过将评估等级纳入政府购买服务资格标准,引导社会组织注重绩效。因此,政府到底是赋权还是控制社会组织,关键在于其如何运用培育发展和监督规范社会组织的政策工具。而随着我国社会组织发展朝着高质量迈进,在严监管的同时,政府针对社会组织的各类支持也在持续增强,社会组织正制度性、结构性地参与到国家战略和治理体系中(蔡礼强,2019)。

二、政府培育发展社会组织的政策工具

2013 年出台的《国务院机构改革和职能转变方案》提出要有重点地培育扶持四类社会组织,这表明政府培育发展社会组织已成为一项重要政策。政府为了推行政策所采取的一系列手段和方式,就是政策工具。恰当的政策工具选择对政府目标和任务的实现具有重要作用。根据政策工具的相关理论,结合我国政府培育发展社会组织的政策内容和实践经验,我国政府培育发展社会组织的政策工具主要分为基础型工具、分配型工具、市场化工具和引导型工具四大类(见图 3.2)。

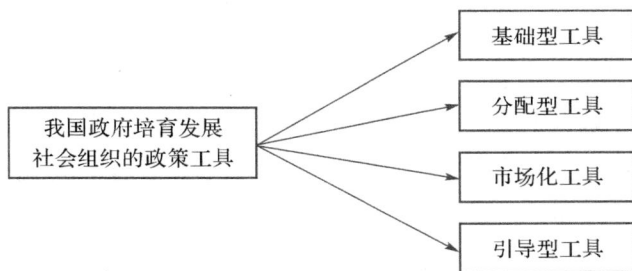

图 3.2　我国政府培育发展社会组织的政策工具

(一)基础型工具

基础型工具是指政府为社会组织发展创造基础性条件、营造发展环境等。这类政府培育发展行为通常包括政府放松管制、出台相关培育发展政策等。放松管制是指政府放松对社会组织的某些管制措施,如放宽登记注册条件、简化登记手续、鼓励参与公共服务等。从国家层面来看,按照《基金会管理条例》的规定,政府对社区基金会实行登记管理和监督规范,但在社区基金会发展实践中,部分地方政府为鼓励和支持社区基金会的发展,开始逐步放松对社区基金会管制,如降低登记门槛、简化登记手续、鼓励建

立社区基金会等，这些地方政府放松管制的行为实质上为社区基金会的成立和发展创造了良好条件。同时，为了营造相对宽松的政策环境，为社会组织发展提供强有力的保障，政府还需要出台政策文件支持，使社会组织符合准入规制，依法登记获取合法性身份，并开展公益服务活动。比如，2017年国务院扶贫开发领导小组发出《关于广泛引导和动员社会组织参与脱贫攻坚的通知》，全国社会组织踊跃参与脱贫攻坚。据民政部统计，截至2020年底，全国社会组织实施扶贫项目超9万个，投入资金1245亿元，受益人口达1.1亿人次，其中建档立卡贫困人口1282.81万人。

事实上，在各地培育发展社会组织实践中，以广东、上海、浙江等为代表为社会组织发展出台了一系列政策以及配套文件，如广东省出台了《广东省社区社会组织分类管理办法（试行）》（粤民规字〔2022〕2号）、《关于进一步引导动员社会组织参与乡村振兴的若干措施》（粤民发〔2021〕114号）、《"广东兜底民生服务社会工作双百工程"乡镇（街道）社会工作服务站管理办法》（粤民发〔2021〕87号）、《广东省推进民政领域基层社会治理体系和治理能力现代化的若干措施》（粤民规字〔2020〕7号）；上海出台了《上海社会组织发展"十四五"规划》（沪社建联〔2022〕1号）、《关于加快乡镇（街道）社工站建设的通知》（民办函〔2021〕20号）、《关于推进上海市街镇社会工作服务站建设的通知》（沪民社工发〔2021〕5号）、《上海市高质量发展社区社会组织专项行动实施方案》（沪民社管发〔2021〕3号）、《关于高质量发展上海社区社会组织的指导意见》（沪民社管发〔2021〕2号）、《关于做好加强基层治理体系和治理能力现代化建设相关工作的通知》（沪民基发〔2021〕7号）等；浙江省出台了《浙江省民政事业发展"十四五"规划》（浙发改规划〔2021〕92号）、《浙江省社会工作领军人才选拔办法》（浙民慈〔2021〕31号）、《浙江省慈善募捐管理指引（试行）》（浙民慈〔2020〕115号）、《关于加快推进慈善事业高质量发展的实施意见》（浙委办发〔2020〕80号）、《关于推进新时代民政事业高质量发展的意见》（浙委办〔2019〕27号）

等。这些政策文件在促进当地社会组织蓬勃发展的同时,也为社会组织有效参与社会治理创新提供了保障。

(二)分配型工具

分配型工具是指政府将资金(或物资)通过财政补贴、税收优惠、直接拨款等方式分配给原本没有这一资源的社会组织,以提高社会组织的资金充裕程度或减轻社会组织资金匮乏困境。从国内政府培育发展社会组织的实践来看,在国家层面上,中央财政从 2012 年开始每年安排专项资金来支持社会组织参与社会服务,重点资助社会组织开展各类示范项目和试点项目;在地方层面,社会组织相对发达的地区率先探索财政扶持等配套政策以培育扶持社会组织的发展,如上海市浦东新区政府在 2007 年出台的《关于促进浦东新区社会组织发展的若干意见》中就明确了"十一五"期间该区社会组织发展的财政扶持重点。2010 年广州市通过《广州市财政支持社会工作发展实施办法(试行)》一一列举促进社会工作机构发展的财政扶持专项。从理论上看,资金是社会组织在创立阶段必不可少的资源之一,当社会的不信任较高时,社会组织在没有政府担保的情况下仅能获得有限的私人资源,不足以支撑社会组织的长续发展。一方面,政府的资金支持代表了社会组织合法性的信号,能够赢得私人捐赠者对投资于政府资助社会组织的信任;另一方面,获得政府资金也是社会组织声誉和具有竞争力的信号,这可以帮助社会组织更轻松地获得公共服务供给机会、投资计划和其他商业活动。从这个角度来看,政府提供的资金支持能够作为组织发展的基础(种子)资金,激励社会组织筹集额外收入。同时,政府的分配工具还包括为社会组织提供税收优惠。为了克服市场失灵,政府通过调节税收来提升慈善资源的配置效率、提高社会整体公共服务水平。当前我国为社会组织提供的税收优惠主要有两大类:一类是以社会组织为对象的税收优惠;另一类是为向社会组织捐赠的企业和个人提供税收优惠。

（三）市场化工具

市场化工具是指政府利用市场机制的作用实现慈善资源的优化配置，以此来间接支持社会组织发展，这类工具包括政府购买服务、凭单制等市场化手段。以社区基金会为例，当前政府对社区基金会的市场化培育发展主要是政府购买服务。2002 年，《政府采购法》出台，为政府向社会组织购买服务奠定了法律基础。政府向社会组织购买服务就是政府通过市场化手段，与社会组织建立合同契约关系，委托社会组织提供社会公共服务，并根据服务提供的评价结果进行资金支付。当前政府向社会组织购买的社会公共服务主要集中在扶贫、教育、环保等多个领域。2012 年，民政部和财政部联合印发的《关于政府购买社会工作服务的指导意见》进一步对社会组织购买服务的内容及操作提出指导意见，促进了我国政府购买社会组织服务的发展。

（四）引导型工具

引导型工具是指政府以社会化的方式促进社会组织发展的培育扶持行为，包括赋能、建立伙伴关系、奖赏鼓励等多种方式。以我国社区基金会发展为例，对于整体还处于成长期的社区基金会而言，增强其发展的最好方式就是加强其知识能力及行动资源，即为社区基金会赋能。在社会组织能力不足的情况下，系统化赋能可以促进社会组织快速成长。梳理政府培育扶持社区基金会的实践经验可以发现，当前各地政府对社区基金会的赋能培育体现在多个方面，如通过协助建立以理事会为核心的内部治理结构来增强其内部治理能力，通过为社区基金会搭建交流平台、为从业人员提供培训来提高社区基金会的专业服务能力等。

（五）政策工具对政府培育发展社会组织的差异化影响

政策工具的差异可能导致政府培育发展社会组织的效果差异。以社区基金会为例,毕荟蓉(2019)通过对 49 家社区基金会的实证调研发现,基础型工具、分配型工具、市场化工具、引导型工具等四种类型政策工具对社区基金会组织发展呈现出明显的差异化影响。换句话说,社区基金会的组织发展事实上受到政府培育扶持的双重影响,既有以基础型工具为主的培育扶持对社会组织的资源积累带来积极影响,也有引导型和分配型工具为组织发展,尤其为社会组织财务绩效的提高带来新的挑战。具体来看,基础型工具促进了社区基金会组织资源的增加,但是并未明显提高社区基金会的财务绩效,这表明基础性工具不会影响社区基金会更微观层面的组织运作,如获取资源的效率、如何分配资源等;分配型工具没有明显增加社区基金会的组织资源,反而导致社区基金会过于依赖分配型工具,而对其财务绩效产生了"挤出效应";市场化工具虽然没有带来组织资源的增长,但是可以有效提高社区基金会的财务绩效,尤其是政府购买服务明显增加社区基金会的公益性;引导型政策工具没有带来组织资源的增加,而且以嵌入政府背景的理事成员来培育社区基金会理事会治理能力的方式给财务绩效带来的影响弊大于利(见表 3.1)。

表 3.1　政府培育扶持对社区基金会组织发展的差异化影响结果

相关变量	组织发展	组织资源	财务绩效
政府培育扶持	不显著	不显著	负向影响
基础型工具	正向影响	正向影响	不显著
分配型工具	不显著	不显著	负向影响
市场化工具	不显著	不显著	正向影响
引导型工具	负向影响	不显著	负向影响

资料来源:毕荟蓉.政府培育扶持对社区基金会组织发展的影响[D].上海:华东师范大学,2020.

三、政府培育发展社会组织的模式选择

政府通过出台相关政策、提供物质和资金资助以及培训赋能等多种方式来培育发展社会组织，其中政府资助是当前政府培育发展社会组织最重要的方式之一。根据民政部统计，2012—2021 年，中央财政每年通过民政部部门预算安排项目资金，支持社会组织参与社会服务，累计投入约15.88 亿元，累计支持 3546 个社会组织项目。因此，本节将主要从政府资助视角来探讨政府培育发展社会组织的模式选择。

根据政府是否直接资助社会组织，可以将我国政府培育发展社会组织分为直接模式和间接模式。直接模式是指政府与受资助社会组织之间无"中间商"，政府直接面向社会组织提供资助，主要包括直接资助、专项资助和政府购买服务三种方式；间接模式是指政府与受资助社会组织之间无直接关联，而是通过支持型、枢纽型社会组织间接资助社会组织（见图 3.3）。

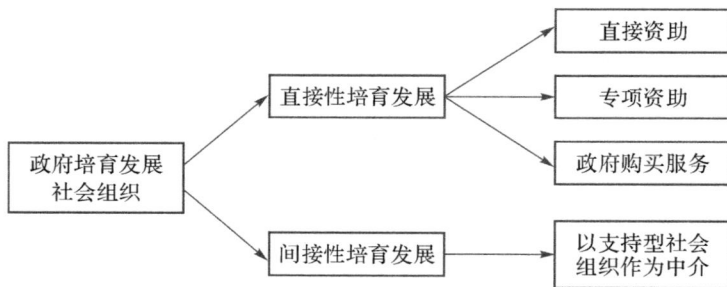

图 3.3　我国政府培育发展社会组织的模式

（一）直接模式

1. 直接资助

直接资助是指政府直接给予社会组织资金，最常用的方式有补贴和奖励。其中，补贴形式多样，主要包括注册资金补贴、购置办公设备或办公用品补贴、房屋租赁补贴、人员工资补贴、代理记账补贴、各种活动经费补贴等。如 2019 年浙江省杭州市余杭区一次性下拨社会组织发展专项资金 49 万元，对社会组织申报的 39 个开办经费补贴予以资助，奖励主要包括对先进社会组织和先进社会组织工作者的奖励。上海市浦东新区社会组织发展的财政扶持政策规定，本区登记的社会组织首次获得社会组织规范化建设评估 5A、4A、3A 等级分别给予 8 万元、5 万元、1 万元的奖励，获得市级、国家级劳动模范集体荣誉的分别给予 6 万元、8 万元的奖励；获得市级、国家级五一劳动奖状、三八红旗集体、青年五四奖章集体、政府部门和同级人保部门联合评选的专项先进集体等荣誉的，分别给予 4 万元、6 万元的奖励；对于本区登记的社会组织专职从业人员，获得市级、国家级劳动模范、先进工作者荣誉的，分别给予其所在组织 3 万元、4 万元的奖励；获得市级、国家级五一劳动奖章、三八红旗手标兵、三八红旗手、青年五四奖章标兵、青年五四奖章、政府部门和同级人保部门联合评选的专项先进个人等荣誉的，分别给予其所在组织 2 万元、3 万元的奖励[1]。还有一类属于特殊的配套资金奖励，如杭州市余杭区对承接国家、省、市各类定向资助项目，且结项评估结果被评定为合格及以上等级的社会组织给予一定比例的资金奖励[2]。

---

[1]　参见《关于"十三五"期间促进浦东新区社会组织发展的财政扶持意见》（浦府〔2016〕184 号）；《〈关于"十三五"期间促进浦东新区社会组织发展的财政扶持意见〉实施细则》（浦民〔2016〕214 号）。

[2]　参见《关于下拨 2019 年度余杭区社会组织等级评估和品牌社会组织（品牌公益服务项目）奖励资金的通知》（余民〔2020〕36 号）；《关于申报获得国家、省、市各类定向资助项目奖励的通知》（余民〔2019〕172 号）。

2.专项资助

专项资助是政府以专项资金补助方式支持社会组织开展公共服务、公益性活动和参与社会治理,以及为实现这些目的而开展的自身能力提升和管理规范化建设。政府专项资助社会组织最典型的是始于 2012 年的"中央财政支持社会组织参与社会服务项目",即中央财政安排专项资金资助社会组织发展示范项目、承接社会服务试点项目、社会工作服务示范项目和人员培训示范项目。[①] 根据民政部统计,2012—2021 年,中央财政累计投入项目资金约 15.88 亿元,直接受益群众约 1283 万人,主要涉及社会救助、社会福利、扶贫救灾、困难救助、心理辅导、社区服务、专业社工服务等领域的社会服务活动,以及社会组织能力建设和人员培训等方面,提升了社会组织综合素质和服务水平,激发了社会组织活力,促进了社会组织持续健康有序发展。在中央财政专项资助示范下,地方财政也逐渐安排专项资金支持社会组织发展。如四川省成都市财政 2014 年首次设立 2000 万元培育发展社会组织专项资金,重点扶持社会公共服务、社会公益服务类、社会福利类、慈善服务类、小区便民服务类、社会治理服务类和社会治理决

[①] (一)发展示范项目(A 类):拟资助四川、云南、西藏、甘肃、青海、新疆六省(区)的基层社会组织开展社会救助、社会福利、社区服务和其他服务群众的社会服务活动。(二)承接社会服务试点项目(B 类):拟资助社会组织开展扶老助老、关爱儿童、扶残助残、救助扶贫等社会服务活动。扶老助老服务,是以满足老年人养老服务需求、提升老年人生活质量为目标,以社区居家或其他方式为依托,资助向老年人提供生活照料、康复护理、医疗保健、紧急救援和社会参与等服务。关爱儿童服务,是资助儿童成长服务,资助留守儿童、困境儿童在内的未成年人教育、医疗卫生、文化活动以及监护评估、心理疏导等个性化服务,资助农民工子女服务,资助孤儿、弃儿以及由儿童福利机构抚养的其他儿童的收养、治疗、康复教育、心理辅导、综合评估等活动,资助对流浪儿童和特殊困难的残疾儿童的援助保护活动,资助改善儿童成长环境,资助对散居孤儿家庭的帮扶、培训和评估。扶残助残服务,是为残疾人提供包括生活照料、康复训练、医疗救护、就业帮扶、精神慰藉等改善残疾人身体、生产和生活条件、帮助融入社会生活的专业服务。救助扶贫服务,是指针对贫困区域环境、贫困农户状况,对扶贫对象实施帮扶等服务项目;针对贫困农户致贫原因,提供基本生活、医疗、教育等方面的救助服务项目。(三)社会工作服务示范项目(C 类):拟资助社会组织开展社会工作服务活动,即以社会救助对象、城市流动人口、农村留守人员、老年人、儿童青少年、残疾人、社区矫正人员、优抚对象和受灾群众等特殊群体为重点服务对象,针对需求提供包括矛盾调处、人文关怀、心理疏导、行为矫治、关系调适等在内的社会工作专业服务项目。(四)人员培训示范项目(D 类)。开展社会组织负责人、业务工作人员培训。项目主要对培训所需的食宿、交通、教材、师资等予以补助,平均每人每天不超过 550 元。

策咨询服务类等服务项目。[①]

3. 政府购买服务

作为公共服务供给的重要制度创新,政府购买服务是我国政府资助社会组织的重要手段。根据 2020 年新施行的《政府购买服务管理办法》(财政部令第 102 号),政府购买服务是指各级国家机关将属于自身职责范围且适合通过市场化方式提供的服务事项,按照政府采购方式和程序,交由符合条件的服务供应商承担,并根据服务数量和质量等因素向其支付费用的行为,其中社会组织是政府购买服务的重要承接主体之一。政府通过购买社会组织服务为受资助社会组织提供了稳定的资金资助,而且强调要通过政府购买服务推进社会组织能力建设,形成一批运作规范、公信力强、服务优质的社会组织,并规定政府新增公共服务支出通过政府购买服务安排的部分,向社会组织购买的比例原则上不低于 30%。从 2013 年国务院办公厅首次发布《关于政府向社会力量购买服务的指导意见》(民发〔2012〕196 号)到 2020 年财政部出台《政府购买服务管理办法》(财政部令第 102 号),我国政府购买服务的制度不断完善,政府逐步加大向社会组织购买服务的力度,并明确将提升社会组织公共服务能力作为开展政府购买服务的基础性工作。据统计,2013 年全国政府购买社会组织服务资金达 150 亿元,大约占当年全国服务类政府采购总额的十分之一(杨团,2014)。2021年,全国政府购买服务支出达到 4970 亿元,其中公共服务支出 3479 亿元,占比 70%[②]。在重点公共服务领域改革方面,有关部门先后出台了残疾人服务、养老、文化、交通运输、青少年社会工作等领域专项政府购买服务实施意见。

[①]　四川文明网.成都首设专项资金培育发展社会组织[EB/OL].(2014-06-05)[2021-06-24].http://www.scwmw.cn/yw/201406/t20140605_558839.htm.

[②]　中国财经报.2021 年全国政府购买服务支出达 4970 亿元[EB/OL].(2022-03-16)[2022-07-01].http://www.cfen.com.cn/dzb/dzb/page_1/202203/t20220316_3795379.html.

（二）间接模式

在政府间接性资助社会组织方面，随着支持型社会组织的发展，政府越来越倾向于通过资助支持型社会组织来带动和促进其他各类社会组织发展，即政府提供资金、场地等，由支持型社会组织统一运作。政府以支持型社会组织为中介资助社会组织主要有三种方式。

第一，政府以官方形式认定和授权已有社会组织为枢纽型社会组织，从而加强对其他社会组织的支持、培育和服务。如北京市早在 2009 年就颁布《关于构建市级"枢纽型"社会组织工作体系的暂行办法》，并认定了首批十家具有官方性质的市级枢纽型社会组织，包括市总工会、团市委、市妇联等。截至 2020 年底，北京市已创立市级枢纽型社会组织 47 家。2021 年 10 月北京市出台《培育发展社区社会组织专项行动实施方案》（京社委社组发〔2021〕56 号）要求"全市街道和具备条件的乡镇应成立社区社会组织联合会，作为枢纽型、支持性平台，协助街道社区联系、服务、管理社区社会组织"，"到 2023 年，逐步健全社区社会组织培育孵化机构，实现城市社区平均拥有不少于 15 个社区社会组织，农村社区平均拥有不少于 8 个社区社会组织"。在北京市的示范效应下，上海、广东等省市也相继出台以建设枢纽型社会组织推动整体社会组织培育发展的规范性文件。

第二，政府主导成立社会组织服务中心、社会组织孵化器（园）等支持型组织或平台，将其外包给专业的社会组织运营，以资助初创期、有潜力或品牌性的社会组织。如浙江省早在 2012 年就出台了《关于加快社会组织服务平台建设的意见》，并且将社会组织服务平台建设作为全省社会管理创新 13 项重点任务之一，列入浙江省平安市、县（市、区）考核。截至 2021 年 6 月，浙江省通过近 1.5 万家枢纽型支持型社会组织构建起省、市、县、乡镇（街道）、城乡社区五级平台网络，统筹谋划"五社"融合发展，不断增添基层社会治理的新动力。政府再通过引入支持型社会组织实施托管，配备托管运营、社会组织资助等经费,由托管的支持型社会组织代替政府开展社会组织的资助性工作。

第三,政府将资助社会组织的资金直接委托给有能力的支持型社会组织运营。由于这些有能力的支持型社会组织来自社会,其与政府的关联较弱,因此被称为"社会力量主导型"。如成都市政府2018年设立发展社会组织专项基金220万元用于支持部分社会组织转型、社会组织金融支持模式探索,并将资金的运营委托给恩派公益组织发展中心负责。恩派公益组织发展中心则对受资助社会组织的资质审查、资金使用计划、持续服务等方面进行全过程监督及指导。已有研究也表明,政府采取行政方式直接培育发展社会组织存在不足,采取赋权支持型社会组织的间接培育模式更有利于社会组织的健康可持续发展(郁建兴、滕红燕,2018)。政府通过支持型社会组织间接性资助社会组织将成为我国政府培育发展社会组织重要趋势。

总体而言,我国政府培育发展社会组织的政策体系不断完善,政策工具和模式不断丰富。既有各地方政府纷纷设立社会组织发展专项资金用以补贴和奖励社会组织,又有中央财政出资、地方政府配套推进社会组织专项服务资助,还有各级政府购买服务为社会组织赋权增能,并且政府逐渐与支持型社会组织合作开展社会组织资助实践,不断创新政府资助社会组织的方式与手段。无论在资助资金的规模上,还是在受资助社会组织的数量方面,我国政府培育发展社会组织都取得了较大进展。而且越来越多的地方政府开始设立社会组织发展专项资金,纳入财政预算,并出台相关政策法规文件,这意味着政府资助社会组织朝着制度化的方向发展,成为一种制度性安排,这无疑为我国社会组织参与社会治理创新打下了坚实的基础,为推进社会组织参与社会治理创新提供了重要平台。

第三节 政府培育推进社会组织参与社会治理的机制

通过政府多样化的培育和扶持，社会组织在数量和规模上迅速增长，在提供公共服务、参与政府决策以及承接政府职能方面也体现出了独特优势和巨大潜力。党的十八大以来，社会组织不但实现了从"利益主体"到"服务主体"的身份转变，同时作为现代治理体系的主体之一，成为国家发展战略的重要组成部分以及政府部门的全面合作伙伴（刘国翰，2018）。

为了推动社会组织更好地发挥治理优势，政府运用多样化机制助推社会组织在筹措资金、提供服务以及参与倡导等多方面增强自身能力、优化社会治理效能。具体而言，本节主要阐述了政府培育推进社会组织参与社会治理的三种机制：一是政府运用声誉效应和竞争效应来增强社会组织向社会筹措资金的能力；二是政府运用杠杆机制增强社会组织向社会提供公共服务能力；三是政府通过选择性赋权机制增强社会组织参与政策倡导和媒体倡导的能力。

一、"声誉效应"和"竞争效应"：增强社会组织筹资能力

社会组织向社会筹资能力的增强对提升社会组织生存发展和推进社会组织参与社会治理程度的深化具有重要作用。"声誉效应"和"竞争效应"是政府增强社会组织向社会筹措资金能力的两大重要机制（沈永东、虞志红，2019）。"声誉效应"主要是指在政府培育和支持社会组织的过程中，通过对社会组织的资格标准评定和对社会组织服务质量的评估和公布等途径使得社会组织声誉得到了强化，进而使社会组织获得高声誉带来的在

筹资方面的附加优势(张冉,2014)。社会组织声誉是指社会组织在社会网络嵌入过程中,在满足利益相关者的期望过程中所获得的组织品性长期、整体性的价值判断,它可以帮助组织获取长期竞争优势,进而实现组织宗旨与使命。作为社会性口碑,社会组织声誉提升对社会组织获取资源、得到长期资金供给、促进与公共部门合作以及吸纳员工等起到了积极促进作用(张冉,2014)。"竞争效应"则是指政府在培育和支持社会组织过程中,通过公开竞标等竞争性程序来选择性地与社会组织开展合作和给予资助,社会组织为了获得这种非普惠性政府支持而提高自身运行效率、优化产品和服务,进而全面提升自身竞争力,以赢得政府青睐(Ali & Gull,2016)。

在实践中,政府通过对这两种效应的灵活运用,既为社会组织增强筹资能力提供了良好的外部环境和资源扶持,又激发社会组织强化筹资能力的内在动力和积极性,起到了双重推动的良好效果。具体而言,政府通过"声誉效应"和"竞争效应"来增强社会组织向社会筹措资金的能力主要有三条路径。

第一,政府通过设定社会组织的资助门槛,开展对社会组织考核评估以及进行公开竞标方式对社会组织给予限定性资助与选择性合作。这种带有竞争性质的资助会促使社会组织不断优化产品和服务以获得政府的首肯。社会组织需要具备一定的条件才能参加竞标、获得竞争政府项目合同资助等限定性政府资助的资格。比如获得政府购买服务的社会组织必须具备多项具体条件。同等条件下,获得3A以上评估等级的社会组织,可以优先获得政府购买服务。为了保证与社会组织合作的合同绩效,政府也会倾向于在竞争中选择服务能力和服务质量更佳的社会组织(沈永东、虞志红,2019)。而当社会组织获得这种竞争性政府资助时,其声誉和合法性由于政府的认可得到了加强,社会组织的筹资活动也相应地能得到更多支持。第二,政府通过对获得资助的社会组织进行问责的方式来促使它们增强社会责任感,以提高它们在筹资活动中的竞争力(Frumkin & Kim,

2002)。相比于其他社会组织，政府对于获得资助的社会组织提供服务的质量和组织项目的能力有着更多的关注和要求，这在一定程度上倒逼社会组织不断提高自身能力、规范自身运作，从而提高自身在筹资竞争中的综合实力。第三，政府通过激励社会组织筹措开展项目配套资金方式，驱动社会组织拓宽筹资渠道，争取除政府资金之外的资金支持，进而提高组织的筹资能力。获得政府资助的社会组织常常需要自筹部分配套资金，这会迫使社会组织增加向社会筹资的活动(Luksetich，2008)。

在政府三条路径的有力助推下，社会组织在向社会筹集资金方面的能力已经得到了一定的发展，不仅社会收入水平提高，且收入渠道也得到了拓展。这种培育机制取得的显著效果主要体现在三个方面：一是社会组织获得的其他公共资金增加；二是社会组织获得的社会捐赠收入增加；三是社会组织获得的商业收入增加。基于对2013—2017年参与"中央财政支持社会组织参与社会服务项目"的社会组织2058份调查问卷和65次访谈数据的分析发现，中央政府的资金投入越多，社会组织就越能筹集到更多的配套资金、地方政府资金、私人捐赠和商业收入(Shen et. al. ，2019)。

这是由于政府资金支持对社会组织获得收入存在"挤入效应"。首先，社会组织获得更多的公共资金是由于地方政府的模仿压力。根据制度理论，地方政府在模仿中央政府向社会组织提供政府资金的行为时承受着模仿压力(DiMaggio&Powell，1983)，受到中央财政资助的社会组织更容易得到地方政府的资金扶持。其次，社会组织获得更多的社会捐赠是由于政府资助对社会捐赠者的引导作用。对于社会捐赠者而言，政府资助充当着行为指南与需求导向的角色，政府资助社会组织的行为指南体现在捐赠者和政府选择趋同。根据制度主义观点，人们从所处的制度中接受价值和规范，他们对社会政策的态度被国家塑造，因而捐赠者行为倾向于与政府资助方向保持一致(De Wit et al. ，2018)；需求导向则体现在政府资助也可能被看作是社会需求的信号，基于政府支持，社会组织在运营中具有规模优势,使捐赠者相信自己的捐赠会变得更有效率,进而通过捐赠方式回应政府所关注的问题(Anheier & Toepler,1999;汪大海、刘金发,2012)。最后,社会组织获得了更多的商业收入是由于政府资助对社会组织能力的评判作用。获得政府资金也表明了社会组织的声誉和竞争商业收入的能力,这有助于社会组织更容易获得公共服务、投资计划和其他商业活动(Wei,2017)。

需要指出的是,政府培育影响社会组织向社会筹款能力存在区域间和类别上的差异。西部地区社会组织向社会筹款能力总体要比非西部地区更弱。已有研究发现,中央政府资金对西部地区社会组织配套资金的影响大于非西部地区(Shen et. al.,2019)。这是由于与西部地区的社会组织相比,非西部地区的社会组织在资源获取和市场化机构方面都更有优势(Wei,2017;Wu,Ma&Yang,2013)。上述差异在一定情况下影响了不同地区社会组织回应政府培育的方式:处于非西部地区发达市场环境中的社会组织大多利用中央财政资助来提高服务质量以获取商业收入,而西部地区的社会组织在有限的市场资源下则大多利用中央财政资助所带来的合法性和声誉性,进而从地方政府或其他政府部门获取资源(Shen et. al.,2019)。同时,非限定性政府资助与限定性政府资助对社会组织筹款能力增强的影响方式也存在不同。相较于非限定性政府资助,具有时间或用途限定的政府资助对提高社会组织非政府渠道筹资收入的影响更强。这是由于政府通过财政资金赋予社会组织筹资合法性,提升了社会公众信任度;而限定性政府资助有利于强化政府资助所带来的声誉效应和竞争效应,进而帮助社会组织拓展更多非政府渠道筹资收入(沈永东、虞志红,2019)。

二、杠杆策略:增强社会组织服务能力

社会组织的服务能力是社会组织生存发展的立身之本,也是影响社会

组织在社会治理中发挥作用的关键因素。政府主要通过杠杆机制来增强社会组织向社会提供服务的能力。杠杆机制是指在政府培育社会组织的过程中,政府通过资金帮扶等方式撬动更多资源来激励社会组织,以进一步提高其向社会提供服务的能力。以政府资助为例,政府资助可以使社会组织吸引多种资助资源,从而支持社会组织以多种方式最大程度地提供服务(Yu et. al,2021)。首先,政府资金代表着合法性的信号,可以帮助社会组织赢得私人捐助者的信任并吸引其投资(Johnson & Ni,2015)。捐赠过程中固有的信息不对称使得捐赠者难以对社会组织进行判断,政府对社会组织的资助为社会组织提供了合法性证明。其次,获得政府资助可以彰显社会组织的声誉和竞争力,从而降低社会组织参与商业活动的门槛(Wei,2017)。社会的其他捐赠者可能会效仿政府的行为,因为各种利益相关者群体将得到政府资助的社会组织视为值得信赖的组织。最后,政府资助为社会组织提供了保证,促进了公众对社会组织的信任。在社会组织由于社会不信任而获得有限私人资源的背景下,公众对政府批准的社会组织更为信任(Zhao,2016)。政府资金可以作为社会组织质量和声誉的信号,以吸引配套资金来改善社会组织的公共服务供给(Schiff,1990)。

这种撬动资源的杠杆机制在政府培育社会组织的实践中也得到了较好的运用,并形成了相对稳定且有效的路径。具体来说,政府运用两条路径来发挥杠杆机制的作用,进而增强社会组织向社会提供服务的能力:一是通过完善公益孵化器为代表的支持型社会组织政策扶持,发挥支持型社会组织的平台性作用,为社会组织开展社会服务提供资源注入和业务指导;二是通过政府购买社会组织服务、公益创投等方式为社会组织提供资金援助以保持其持续服务的能力。政府完善支持型社会组织政策扶持,有助于支持型社会组织根据不同领域的各类社会组织的特点,有针对性地为各种操作型社会组织提供业务模式、管理能力等方面的个性化服务与指导,不断增强操作型社会组织的战略管理能力、项目运作能力、资源动员能力、内部治理能力等,使其逐渐形成清晰的业务发展模式,发展成为具备核心竞争力的公益服务组织(高红、朴贞子,2015)。政府通过购买服务的方式给予社会组织资金支持,在与政府合同关系的约束下,社会组织更倾向于将自身发展的需求与公共服务的要求相统一,进而参与符合公共服务需要的项目和活动;同时政府的资金支持为社会组织强化自身供给服务能力提供了稳定的资源保障(Shen et. al. ,2019)。公益创投则是把资金支持与能力建设相结合,重点关注受资助组织的可持续发展能力。通过为社会组织量身提供相关财务支持与非财务支持等全方位帮助,公益创投帮助社会组织实现公共服务目标和自身服务能力建设的双重目标,形成社会组织参与公共服务供给的长效机制(高红、朴贞子,2015)。

经过杠杆机制的撬动,社会组织的服务能力得到了长足发展,不仅服务范围扩大,服务质量和效率也有了很大改观。具体而言,在政府培育扶持下,社会组织服务能力的提升体现在服务供给的增加、服务范围的扩大以及服务人数的提高等三个方面。首先,社会组织服务供给的增加主要体现在社会组织提供服务链条的延伸和种类的增加。已有研究表明,在对参与“中央财政支持社会组织参与社会服务项目”的社会组织负责人访谈中,大多数获得中央财政资金支持的社会组织反映,他们为了获得配套资金,会增加组织的服务条目并延伸组织的服务链条,以此获得资助者的青睐与更多资源注入。其次,社会组织服务范围的扩大主要体现在社会组织服务渠道的拓展。相关研究指出,获得政府合同的社会组织必须提交某些报告并完成某些活动,与政府签署合作伙伴关系协议的社会组织更倾向于遵从国家利益以及符合政府的期望(Casey&Dalton,2006)。由于接受中央政府资助的社会组织必须在评估中央政府资助项目时报告其最低配套资金数量,这将推动获得资助的社会组织从地方政府、私人捐款和市场收入中收取配套资金,在一定程度上也激励了社会组织扩大服务范围(Yu et. al,2021)。

最后,政府培育对社会组织向社会提供服务能力的影响也存在着地区间差异。现有研究表明,区域经济发展水平、政府支持程度、社会资源以及社会组织的质量都对社会组织提供公共服务的水平产生影响(Qi & Guo,2017)。由于发达地区的社会组织得到了地方政府更多支持和社会资源(Wei,2017),因此与欠发达地区相比,发达地区提供服务的社会组织数量更多(Lu & Dong,2018)。在中国,由于西部地区经济发展水平较低,位于西部地区的社会组织通常比非西部地区的社会组织拥有更少的政府支持和社会资源。但与东部地区社会组织更倾向于利用中央财政资助改善公共服务水平有所不同,由于西部地区的社会资源有限、政策支持薄弱以及政府高度分化,中央财政资助没有通过吸引配套资金来增强西部地区社会组织的公共服务能力,这也进一步加剧了西部地区和非西部地区社会组织提供公共服务能力的差距(Yu et.al,2021)。

三、选择性赋权:增强社会组织倡导能力

社会组织倡导是指"社会组织尝试影响政府决策的过程与活动"(Reid,1999)。目前,社会组织倡导主要有九种途径,分别为研究、直接游说、基层游说、公共活动和直接行动、司法倡导、公共教育、政策倡导和媒体倡导(Avner,2002;Guo & Saxton,2010;Lu,2018;Reid,1999)。社会组织参与媒体倡导和政策倡导能够有效提高社会组织对社会治理的参与度,是实现社会共治共建的重要助力。但是囿于权限和资源的不足,社会组织倡导能力的提升离不开政府培育。已有研究发现,政府一般通过"选择性赋权"的方式来增强社会组织的倡导能力。选择性赋权是指"政府有选择性地向社会组织提供政府资助,以推动社会组织开展合法倡导的活动"(Yu et.al,2021)。

政府资金的扶持,一方面增强了社会组织开展政策倡导活动的合法

性,另一方面也提高了社会组织在政策倡导方面的话语权和地位,从而最大程度地增强其政策倡导和媒体倡导能力。首先,政府资助可能意味着政府对社会组织进行政策倡导的认可,这为社会组织创建了一个向政府官员提供政策制定建议的通道。当政府在某个政策上需要社会组织的专业知识或政策建议时,它将倾向于与那些接受政府资助或拥有与政府长期合作的社会组织进行协商,这种选择性赋权使得拥有政府资助的社会组织获得更加深入参与政策倡导的权限(Mosley,2011;Salamon,2002)。其次,获得政府资助的社会组织拥有更多机会、资源和关系渠道来通过媒体进行倡导,以使公众和政府听到他们的声音(Cheong&Yang,2017;Dai et al.,2017;Guo&Saxton,2014,2018)。政府资助为社会组织的媒体倡导创造了良好的环境。一个社会组织获得的政府资助越多,它就需要越多的政府关系来联系媒体进行倡导活动(Bazerman&Schoorman,1983)。有学者还发现,受政府资助的社会组织可以成功地利用媒体向高层决策者倡导(Teets,2018)。因此,政府培育为社会组织参与政策倡导和媒体倡导提供了更多的便利。

在实践中,社会组织在政府选择性赋权下,倡导能力有了显著的增强,不仅参加了各项倡导活动,和政府、媒体的联系也在倡导活动中进一步密切和深化。具体而言,社会组织在政府培育下倡导能力的增强主要体现在两个方面:政策倡导能力的增强与媒体倡导能力的增强。社会组织的政策倡导能力是指社会组织对政府机构的影响力,它可以通过社会组织参与政府会议、提交信件与官员交流以及就政府出台的政策文件所发表意见的数量来衡量。社会组织的媒体倡导能力则是指社会组织通过媒体活动表达政策偏好以促成政策变化的能力,它可以通过相关媒体报道的数量进行衡量。已有研究发现,政府对社会组织的资助水平越高,社会组织的政策倡导能力和媒体倡导能力也越强,两者存在显著的正向关系(Yu et. al,2021)。

　　同时，政府培育对社会组织倡导能力的增强也存在地区间差异。与非西部地区社会组织相比，政府培育对西部地区社会组织倡导能力存在更为正向的影响，并且对其政策倡导能力的影响远大于对其媒体倡导能力的影响。这可能是资源可及性（市场资源、媒体资源和行政资源）和制度环境（非营利支持政策以及机构对倡导的获取）的区域差异导致的。一方面，西部地区社会组织拥有的资源有限，与行政部门直接沟通较为困难。接受中央政府的资助可以增强西部地区的社会组织合法性，并使其有资格获得进一步的行政支持。另一方面，非西部地区的社会组织拥有更多与政府定期合作的资源和途径，除了中央政府资助外，它们自身提供的优质服务也可以帮助它们获得政府对其政策意见的认可。这解释了政府培育特别是中央财政支持对西部地区社会组织政策倡导能力影响更为显著的原因（Yu et. al, 2021）。

案 例

政府培育扶持下的社区公益基金会^①

——以上海洋泾社区公益基金会为例

社区基金会是动员、汇聚社区资源、推进社会力量参与社会治理的重要载体。2008 年桃源居公益事业发展基金会在深圳成立,标志着社区基金会在中国落地生根,此后在政府的大力推动下,中国社区基金会得到快速发展。截至 2021 年 7 月 1 日,中国登记注册的社区基金会共 187 家,其中,上海、广东、浙江的社区基金会数量位列全国前三,上海独揽 85 家,广东省 36 家,浙江省 26 家。

从中央层面来看,中国还没有出台专门针对社区基金会的相关政策支持文件,但是一些党和政府相关部门的文件已经体现了对社区基金会培育发展的重视。2017 年,中央颁布《关于加强和完善城乡社区治理的意见》明确要"鼓励通过慈善捐赠、设立社区基金会等方式,引导社会资金投向城乡社区治理领域"。这是社区基金会首次被写入中央文件,也是中央政策层面对地方发展社区基金会的实践探索给予充分肯定和支持。从地方层面来看,上海、深圳等地先行先试,积极开展对社区基金会建设的探索,专门出台了关于社区基金会的政策法规或行动方案以培育发展社区基金会。2014 年上海市委出台了《关于进一步创新社会治理加强基层建设的意见》,鼓励在各区街道层面探索社区基金会,主要为社会力量和社会资金参与社区治理搭建平台。2015 年,相关配套文件相继出台,为上海全市社区基金会的培育发展奠定了政策基础。随后《上海市社区基金会建设指引(试行)》发布,文件首次对社区基金会进行界定,认为按照《基金会管理条例》依法登记注册的,且利用社会捐赠资金,从事镇街公益事业、参与社区

---

① 案例素材参考:上海洋泾社区公益基金会官网(http://www.yjcf.org/node/19)。

治理、推动社区健康发展的非营利性法人就是社区基金会。文件还大力推动、鼓励和支持在有条件的街道成立社区基金会，为社区基金会的规范发展提供了引导。文件指出，要在简化登记手续、能力建设等方面加强对社区基金会的培育和引导。随后，上海各区也陆续出台区级层面的培育扶持政策，如上海市普陀区颁布了《普陀区社区基金会管理办法（试行）》，率先在全区社区基金会街镇全覆盖。上海市通过一系列政策，在全市层面积极推进社区基金会建设。可以说，上海市的社区基金会数量后来者居上，主要得益于强有力的政府推动。

正是在政府培育赋权社区基金会的大背景下，2013 年，上海浦东新区洋泾街道办事处发起成立了上海洋泾社区公益基金会，这是上海市首家具有公募资质的社区基金会，也是上海基层政府探索城市社区治理的试点。该基金会主要通过搭建公益合作平台，整合社区资源，满足社区需求，开展以资助为主、操作为辅的项目业务。2011 年下半年，洋泾街道主任、副主任和民政科科长参加上海映绿公益事业发展中心（简称"映绿"）举办的培训，开始萌发建立社区基金会的想法。随后洋泾社区基金会，进入了筹备阶段。2013 年初，洋泾街道和映绿开始对洋泾社区公益基金进行一对一培育。最终，于 2013 年 8 月 9 日在上海市社团局注册登记。

从基金会组织架构来看，政府代表嵌入社区基金会理事会的组织架构中。上海洋泾社区公益基金理事会 9 名理事会成员中，包括 2 名企业代表、3 名社会组织代表、1 名学校代表和 2 名政府代表。

从基金会运作来看，上海洋泾社区公益基金常态化运行一日捐资助项目、少年志、小小志愿军、公益市集、60＋＋＋洋泾长者活动月等五大品牌项目。其中，一日捐资助项目即洋泾社区慈善联合捐，在政府培育下已成为上海洋泾社区公益基金的重要资金来源，目前已资助 30 余个社区服务项目。一日捐资助项目是由浦东新区民政局牵头，每年 11 月至来年 2 月组织的各街镇联合募捐行动，以往捐款由上海市慈善基金会浦东分会收取，从 2014 年第十三届洋泾社区慈善联合捐的款项开始,由上海洋泾社区公益基金会接受款项并负责向公众报告所有款项的使用情况。洋泾社区公益基金会将根据捐款人的意愿及社区论坛居民讨论的社区重点需求和实施方案,面向全国公开招投标,邀请专业的社会组织来洋泾开展项目和服务,并邀请捐款人及社区居民、居委会参与评审,最终选出合适的社会组织进行资助。

总体而言,上海洋泾社区公益基金会在政府的培育扶持下成立并不断发展,逐渐形成了在政府推动下,联动社会力量、助力社区的发展模式。

案例分析题:

1.案例中,政府主要通过哪些政策工具来培育发展上海洋泾社区公益基金会?

2.请结合案例分析,政府主要通过何种机制来培育发展上海洋泾社区公益基金会参与社会治理?

3.请结合实践经验,说说政府应当如何进一步培育推进社会组织参与社会治理?

第四章　支持型社会组织提升社会治理水平

　　国家—社会关系的动态调整在推动政府职能转变的同时,也让社会获得了更大的自主性空间。政府和社会组织在公共利益上的契合,促使政府主动孵化培育社会组织,也使得社会组织内部出现了操作型社会组织和支持型社会组织的分野(周秀平,2011)。作为社会组织协作网络中的重要组成部分和新兴力量,支持型社会组织有着独到的功能和优势,发挥着再造理念、建立支持网络、动员整合资源、提高多组织协同解决复杂问题等功能。支持型社会组织成为多元主体参与社会治理的"接口型"组织,呈现出资源性、权威性、共生性的特征,这对于支持型社会组织提升社会治理创新具有重大意义。

　　本章将着重探讨支持型社会组织参与社会治理的作用。首先,本章将梳理支持型社会组织参与社会治理的理论基础;其次,本章将探讨支持型社会组织参与社会治理的四种机制:连结机制、支持机制、生成机制与规范化机制;最后,本章将探究提升支持型社会组织参与社会治理的有效路径,并对支持型社会组织提升社会治理水平的未来发展加以展望。

第一节　支持型社会组织参与社会治理的理论基础

支持型社会组织是指链接政府、企业与社会，以赋能其他社会组织，并为其提供资金、场地、信息、能力建设等支持性服务的平台化、网络化组织。支持型社会组织又称为枢纽型社会组织、伞形社会组织和桥梁型社会组织等（David & Rajesh,1990;Connor et. al,1999）。按照发起主体不同，支持型组织可以进一步分为政府主导型、民间力量主导型与政社合作型。支持型社会组织参与社会治理，从某种意义上来说是在"国家—社会—个人"的单元嵌套结构中发挥着中介与协同的功能。支持型社会组织的作用发挥是基于资源供需的依赖链条，以实现社会治理单元内在的分工、分化，通过拓展社会资本的多元组合网络，创造一种基于公共性价值的共生关系。支持型社会组织以其赋能、链接、融合等特征深度参与社会治理，其背后有深刻的理论基础。

一、分工理论

亚当·斯密（Adam Smith）的分工理论在古典经济学谱系占有重要地位，分工产生专业化进而促成技术进步，技术进步导致经济报酬逐步递增，分工的程度有赖于市场范围的扩展，分工"要受到市场广狭的限制"（斯密，1972），这就是著名的"斯密定理"。亚当·斯密继承了弗格森（Adam Ferguson）的"分工增进财富"观点，因为商品生产只有经过社会分工和交换的中介才能最终完成。分工不仅是导致经济发展和进步的原因，也是经济发展和进步的结构，经济报酬递增机制就是在这个因果累计的过程中体现出来的。所以，随着社会生产力的进步，专业化及分工成为研究经济发展和社会进步的出发点，各个社会单元和社会个体都应该基于自身的专业化来参与社会分工，从而提高协作绩效。

从分工理论视角而言，支持型社会组织之所以能够提高社会治理水平，是因为支持型社会组织与操作型社会组织间进行专业分工所创造的效益要大于因为专业化分工而形成的交易成本。在各类操作型社会组织萌芽、产生与发展过程中，其支持性职能必然逐步剥离，交由专门的支持型社会组织承担。操作型社会组织直接面向公众提供服务，在支持型社会组织的指导支持下专业从事公益项目和相关业务活动，而支持型社会组织则专注于赋能操作型社会组织，为其提供发展所需的社会资本和资源网络。由于获得了支持型社会组织所提供的专业化服务及支持，各类操作型社会组织在运行发展过程中的成本大大下降，参与社会治理的效能得到了显著提升。支持型社会组织的专业化运作，经验丰富的社会组织管理者和工作人员提供的业务咨询服务，能够助力社会组织减少资源搜寻的时间成本，帮助操作型社会组织作出合理决策。操作型社会组织得到了支持型社会组织所提供的硬件和软件等方面的支持和服务，意味着其从创业初期就具备了良好的发展环境，为其参与社会治理奠定了较好的基础。由于专业化分工的存在，尽管在支持型社会组织与操作型社会组织之间存在一定的交易成本，但是专业化分工所形成的效益要远高于由分工而产生的交易成本。由于多元主体分工生发的支持型社会组织事实上提升了社会治理的整体治理绩效。

二、社会资本理论

"社会资本"概念经由法国社会学家皮埃尔·布迪厄（Pierre Bourdieu）提出后，科尔曼（James Coleman）、福山（Francis Fukuyama）、帕特南（Robert Putnam）等众多学者先后对社会资本进行研究。布迪厄

(1986)认为"社会资本是指那些实际或潜在资源的集合体,这些资源同大家共同熟悉或认可的制度化关系的持久网络占有联系在一起。这一网络是大家共同熟悉和认可的,并且是一种体制化的关系网络"。科尔曼(2008)从功能的视角出发认为"社会资本是生产性的,是否拥有社会资本,决定了人们是否可能实现某些既定目标"。福山(2000)强调"社会资本是由社会或社会的一部分普遍信任所产生的一种力量。它不仅体现在家庭这种最小、最基本的社会群体中,还体现在国家这个最大的群体中,其他群体同样体现这种资本"。帕特南(2000)则提出"社会资本是社会组织那些可通过协调行动而提高社会效能的特征,比如信任、规范及网络",具有显著的社会组织特征。尽管社会资本的研究视角较为多元,但是学者们普遍认为,社会资本属于资本的一种形态,主要是指"相互信任、网络与合作行为"等非制度、非物质性及非政治性的资源(张广利、孙贵霞,2006;娄缤元,2013)。

从社会资本理论视角来看,社会治理从某种程度上是一个多元嵌套的社会治理网络。而从支持型社会组织的价值来看,其主要功能在于拓展其他社会组织的社会资本网络,进而增强社会组织参与社会治理的能力。支持型社会组织具有非营利性和"接口型"组织特征,这同社会资本的"信任、规范和网络"机制相吻合,有利于社会资本的形成与供给。

首先,支持型社会组织有助于社会组织间信任网络的形成。一方面,支持型社会组织可以基于资源整合和社会问题回应形成协作网络。支持型社会组织可以通过搭建统筹协调平台等多种形式把中小型和草根社会组织凝聚在自己周围,促进各类社会组织联系互动,从而形成社会组织的协作网络。另一方面,在促进社会组织协作机制构建的同时,支持型社会组织能够将各类社会组织的诉求与利益表达纳入制度化和规范化的社会参与渠道,进而形成社会组织更加稳定的信任关系,最终实现社会协同治理绩效提升。

其次,支持型社会组织能促进社会治理共同体的形成。支持型社会组织通过促进其他社会组织形成社会资本,调节主体间利益关系,进而凝聚、整合及表达利益,消解社会裂缝,有利于社会组织间的资源整合,从而推动政府、企业、公众等多元力量融合到社会治理的共建共治共享,最终形成人人参与的社会治理共同体。同时,支持型社会组织基于社会组织自身的空间和平台,促进隐性知识的扩散传播,提升整体社会组织专业化水平,提高社会组织能力。

最后,支持型社会组织能够为中小型社会组织提供支持和服务,从而推动社会组织的整体发展。支持型社会组织的发展与壮大在很大程度上弥补了我国社会组织的结构性不足和缺陷,形成了多层次多类型的社会组织体系,进而提高社会治理效率,最终推进社会治理现代化进程。

三、共生理论

共生理论是指具有共生关系的单元之间的资源、信息、能量的交换和分配过程的理论,其核心是社会主体间依照共生行为模式与共生组织程度组合所形成的共生关系(尾关周二,1996)。共生理论已发展成一门专门学说,应用范围也从生物学逐步扩大到了各个学科领域。从哲学内涵来看,共生理论在于用动态的观念来看待事物之间的联系,强调双赢与共生的动态关系,这个哲学框架符合现代公共管理发展的要求。从经典共生理论的表述来看,共生系统由共生单元、共生模式、共生环境所构成。对于共生系统来说,共生单元是构成整个系统的基础,也是共生关系形成的基础单位,共生单元相互作用的方式也反映出作用的强度。袁纯清(1998)认为这种作用强度既体现了共生单元之间的物质信息交流关系,也体现了共生单元之间的能量互换关系。在共生系统中,共生单元以外所有因素的综合构成了共生环境。对于社会治理来说,制度关系、社会环境、市场环境沟通构成了社会治理的共生环境。从应用情况来看,共生理论在工业领域的发展是共生理论在技术应用层面的直接利用。由工业领域扩张到公共管理领域乃至治理领域,则是通过理论直接指导实践的再一次应用。

对于支持型社会组织而言,支持型社会组织同政府以及操作型社会组织之间是一种共生关系,共生理论为支持型社会组织提供了具体的分析工具与方法。共生理论作为广义的方法论,其研究方法可以分为模型分析、案例研究、实证研究这三大类。在社会治理的理论和实践过程中,遵循共生原则,通过定位共生关系来找出社会治理的影响因素,以便进一步提升社会治理的绩效。在社会治理的研究中运用共生理论框架进行深入分析,不仅有利于促进共生理论发展,也有助于社会治理模式创新。支持型社会组织参与社会治理以共生视角为切入点,采用共生理论对社会治理的多元主体关系进行分析,对于构建社会治理多元主体协同供给模型与分析框架具有良好的支持基础。

在社会治理场域中,支持型社会组织同政府、企业、公众形成一个良好的共生系统。在共生系统内部,支持型社会组织与操作型社会组织、政府、公众等组成共同系统的一个个共生单元。共生系统和共生单位内外都进行着信息和能量的交换,共生理论的价值在于揭示这种分析单元大小对于社会治理影响的微观机制,内部的共生关系决定了与社会治理的关联强度。而支持型社会组织属于共生系统中的连接性组织,其作用发挥关系到社会治理的整体成效。

第二节 支持型社会组织提升社会治理的多元机制

支持型社会组织作为平台型、网络型社会组织,能够连接多元主体,促进资源汇聚,发挥着组织协同和资源互通的价值。支持型社会组织的主要价值在于能够在资金、信息、场地等方面有效赋能操作型社会组织，提升其参与社会治理的能力。面对基层社会治理难题，支持型社会组织利用其组织、网络和创新机制生成创新性服务与项目来回应社会治理需求。为确保社会治理结果达到预期目标并实现可持续化，支持型社会组织需要不断输出专业化标准应用于操作型社会组织来提升社会治理水平。其中，实现多类治理主体及资源的连结机制发挥着汇聚性价值；对操作型社会组织的有效系统支持机制则发挥着赋能型价值；生成型机制则有利于生成新的治理机制和治理项目以应对外部环境的复杂性，更好地发挥创新型价值；通过输出标准的规范化机制有利于提升治理的专业化，发挥着持续性价值。

一、支持型社会组织提升社会治理的连结机制

连结机制是指党和政府试图通过发挥支持型社会组织的枢纽作用，有效聚合党建引领、跨部门合作、社会多元参与等方面的优势，实现主体汇聚和资源汇聚，进而提升社会治理的有效性。与直接向普通居民提供服务的操作型社会组织不同，支持型社会组织起到桥梁纽带、聚合引领、集约服务的作用，具备孵化、整合、服务和引领的功能，发挥着在政府主导下协同社会治理的功效。支持型社会组织通过政治性连结、跨部门连结、社会力量连结等机制增强社会的韧性和适应性，确保公共部门、私人部门和第三部门之间有效开展协作治理。

（一）政治性连结机制

在我国社会治理格局中，需要客观认识执政党在中国社会的存在（吴晓林，2020）。党建引领在基层社会治理领域，具有促进条块协同、创设社会组织发展新空间、柔性化解社会力量发展中的秩序与活力兼容问题、向流动社会拓展治理网络等多样功能（黄晓春，2021）。具体到支持型社会组

织党建方面,政党统合机制借助支持型社会组织通过意识形态的引领和价值传递,创造了以政治表现为标准的社会组织评价体系,并通过建立资源渠道和创造政治吸纳两个机制对操作型社会组织进行奖励,实现了社会组织体系从被动监管到主动融入社会治理的转变(李朔严、王名,2021)。因此,支持型社会组织在作用发挥时,需要凸显党的组织建设、整合载体搭建、吸纳动员群众的政治性连结作用(陈晓岚,2021)。通过"横向到边,纵向到底"的网格化机制,实现党的组织全覆盖,塑造相互依赖关系。通过组织纽带,实现社会力量整合,形成合力激发共治的参与动力。以党建引领整合治理资源,平衡利用区域化资源,推动社会治理资源的密集化。以党员议事会、党群议事会等平台拓宽渠道动员有序参与,寻找"最大公约数"。通过统合能力制度化、协商议事制度化、组织架构制度化来强化党建引领,确保社会组织参与社会治理的正确方向和资源汇聚能力。

(二)跨部门连结机制

支持型社会组织为了更好地支持其他社会组织参与社会治理,需要实现跨部门的有效连结。然而,公共部门、私有部门与第三部门之间的目标与使命不同,跨部门协作就很难加以实现。"无缝隙组织理论"认为,为了确保跨部门协调联动,可以形成选择性争论解决、合作伙伴关系、协商制定规则、委员会等机制(林登,2013)。支持型社会组织为应对社会治理中的难题,通常会建立联席会议机制、定期信息沟通等类型的联络沟通机制。支持型社会组织发起的联席会议一般由民政部门牵头,其他部门配合,强化政府部门与社会组织的联系沟通,并可根据工作需要适时调整成员单位。支持型社会组织往往在不改变各部门属性和特征的条件下,在社会组织之间、社会组织与政府部门、社会组织与企业之间架起正式的桥梁和支持性社会网络。从而使得跨部门合作在解决社会治理过程中的难点和痛点问题时,建立结构性和程序性机制,快速有效地实现跨部门协同(刘培功,2020)。在地方实践中,建立支持型社会组织统筹的政府部门+社会组织制度化协同治理的模式,使之成为常态化。

(三)社会力量连结机制

支持型社会组织通过支持性社会网络将政府支持资源、社会筹集资源统合起来化零为整。按照市场化、社会化运营机制,支持型社会组织利用自身对于区域各类社会治理资源和社会治理问题的熟知,快速地通过公益创投、专项项目方式快速发包给社会组织、企业等多元治理主体,从而提高资源配置和使用效率,形成了网络化的治理结构,解决单个社会组织资金、能力等资源不足的问题。通过网络化社会力量连结,支持型社会组织能够在社会治理过程中解决"何时何地依靠谁"的问题,进而实现治理路径的可视化。基层社会治理中的问题也能够被快速识别,并通过快速构建多元治理网络,避免对政府资金的过度依赖和政府资源的浪费,实现各组织的专业化分工、提高社会自组织能力。同时,支持型社会组织的赋能型属性为社会组织和公益慈善组织提供可支持的企业、基金会所识别,从而形成了多元社会资源的"汇聚机制"。

二、支持型社会组织提升社会治理的支持机制

在支持性机制中,支持型社会组织参与社会治理的模式主要表现为直接赋能、间接治理的特性,特别是为中小型和草根社会组织等操作型社会组织提供硬件和软件的支持,为这些社会组织参与社会治理提供强大保障。

(一)物资支持机制

首先,支持型社会组织可以为中小型和草根社会组织提供场地、设备等支持。中小型和草根社会组织在初创期缺乏基本办公条件,支持型社会

组织根据中小型和草根社会组织的发展阶段及其在社会治理中的价值,为其免费提供基本办公条件,促进组织成长与功能发挥。通常在支持型社会组织所服务的场域中,社会组织间能够形成一种固定的联系机制,有助于加强初创型组织的社会资本。其次,支持型社会组织可以通过创投或孵化资金等形式为初创型组织提供发展所需的资金,解决社会组织的部门运行成本和项目资金,有助于这些组织增强发展能力、积累治理经验、提升基层紧缺性公共服务的回应能力。最后,支持型社会组织托管低小型和草根社会组织的部分日常事务运营或者提供财务、信息化等行业性服务,从而降低这些社会组织的管理成本。初创型社会组织的机构人事、项目与志愿团队等方面日常管理工作,可由支持型社会组织统一运行,这在很大程度上可以节省初创型社会组织的人力和物力资源。

(二)信息融通支持机制

受自身发展阶段和社会资本的限制,初创型机构很难被政府、基金会与企业等支持方有效识别,也很难获得有购买服务意向的政府部门、基金会项目的需求信息,更难获得对于企业社会责任所需的公益项目合作。支持型社会组织具有区域性和行业性的宏观观察能力,以及信息收集、分析能力。基于自身实力和影响力,支持型社会组织对公益慈善行业较为熟悉,对本地战略性资源较为了解,对本地政府资源较为通达,对所支持的社会组织能力情况较为熟悉,能够快速对供需信息进行汇总、分析和匹配。支持型社会组织提供的信息和咨询服务,能有效降低中小型和草根社会组织等操作型社会组织独自行动开展搜集、分析、处理信息所需的各项成本,提升初创型社会组织快速获取资源的能力。

(三)能力支持机制

中小型和草根社会组织等操作型社会组织在初创时期一般缺乏相应

的技术和能力，自我生存和发展能力还比较薄弱、内部治理结构尚不完善，导致这些初创型组织在初步具备项目经验基础上，很难实现快速突破，进而造成社会组织在参与社会治理过程中的缺位。支持型社会组织通常能够提供陪伴式成长，系统提供筹款策略、项目策划运作、政府资源获取、志愿者管理、财务管理、社会工作与社会创业、传播管理等培训，进而提升社会组织专业化运营，促进社会治理水平整体跃升。支持型社会组织在提升入孵社会组织能力的同时，通过组织间模式扩散和非正式沟通机制，有助于降低社会组织人力资源成本，提升初创型社会组织内部治理能力和专业服务能力，带来区域社会组织能力的整体提升。如浙江恩宝公益基金会发起的"恩宝幸福家园"社区支持计划，旨在通过资助公益性社会组织设计的瞄准社区真实需求，开展居民自治、社区服务、志愿服务、邻里互助等项目，培养一批社区治理领域的专业社会组织和人才。

三、支持型社会组织提升社会治理的生成机制

支持型社会组织在强化国家与社会的良性互动中，具有官民二重性特征（彭善民，2019）。既不同于政府部门的行政管理，也不同于社会组织的自我管理，支持型社会组织更多地体现为有效解决社会治理难题，生成新治理路径与新服务项目。

（一）新治理路径生成机制

公益创投被认为是一种制度性赋权以外的补充机制，能够有效促进民众的自组织行为，也被认为是一种社会资源撬动模式（陈伟东，2015；Salamon，2014）。公益创投的收敛性变革（Non-Divergent Change）在不改变现有治理制度的前提下，进行有条件的创造和调试，能够创造一种新的治理路径（宋程成，2020；Battlana，Leca & Boxenbaum，2009）。在孵化支

持公益项目和操作型社会组织中,公益创投是一种常用而有效的支持性工具。支持型社会组织运用公益创投,以项目为抓手创新基层治理方式、促进政府权力让渡、赋予居民和社会组织更多的自治权。同时,支持型社会组织还能将专业团体、社工机构等社会力量与基层需求有效整合起来,在行政集权与自治张力之间形成内生性力量。支持型社会组织通过以专业团体＋社区自组织为载体,增强居民治理能力的内生性。

(二)新服务项目生成机制

场域理论认为,场域是在各种位置之间存在客观关系的一个网络或一个构型(布迪厄,2004)。场域会对每个进入场域的行动者形成制约,并使其形成路径依赖,而这种制约又有其特有的运行逻辑,场域中的行动者必须努力适应或调整场域规则。支持型社会组织通过利用自身平台优势,对接多个资源端口,开展有效资源整合,并以一种服务倒逼的方式使得政府在社会治理过程中让渡部分服务供给权。随着政府逐渐"退场"、支持型社会组织逐渐"进场",两者互动过程中共同作用形成一种创新服务的场域。特别是支持型社会组织提供的项目设计、专业督导、专业培训、机构认证等服务,实现了操作型社会组织参与社会治理的专业化,且能够基于组织优势与社会治理难题解决,不断生成创新性服务项目。而支持型社会组织对于社会问题的关注,使得这一创新场域具有持续创造性解决社会问题的能力。如浙江省妇女儿童基金会创设的低保家庭儿童关爱公益项目"焕新乐园"开展项目落地伙伴的培育,通过提供项目资金与物资、项目设计方案、线上/线下培训、督导、评估等提升落地项目执行社会组织的发展。

四、支持型社会组织提升社会治理的规范化机制

规范化机制是指在支持型社会组织参与社会治理过程中,特别是在孵

化培育其他社会组织过程中，基于专业化、流程化、规范化的努力，形成一整套标准化的机制，有利于政府与社会组织合作互动的规范化，进而促进社会治理效能的整体提升。

（一）促进政府培育监管社会组织规范化

政府培育发展社会组织是为了更好地应对多样化、复杂化的社会治理难题。除了直接培育发展操作型社会组织外，政府部门还会把培育社会组织的部分职能转移给支持型社会组织。政府通常为社会组织参与社会治理提供外部支持政策，包括制定社会组织培育孵化、培训发展、基地建设等方面标准。支持型社会组织依据上述标准确定支持操作型社会组织的类型、数量和具体执行的标准规范，从而保证了参与社会治理的社会组织类型和数量供给，以更好地满足社会治理需要。政府对社会组织的监管侧重于加强对社会组织的政治领导与运行监督管理，包括社会组织党建、登记、年检、评估、信息公开等项目的标准制定。同时，支持型社会组织可以承担社会组织发展性监管的部分职能，以上位法和规章为依据对社会组织党建、内部治理规范化等方面的失范行为进行提醒，并通过被委托的社会组织登记评估项目，对社会组织发展进行分层管理，形成社会监管内容和形式的标准化。支持型社会组织承接的政府培育与社会组织监管职能的规范化，有利于实现社会组织与社会治理所需服务的匹配性。

（二）促进社会组织内部治理规范化

支持型社会组织对操作型社会组织的规范化治理主要是通过内部治理结构规范化和内部治理过程规范化等两方面加以实现的。内部治理结构规范化是指对培育社会组织法人治理结构进行规范，主要是以法人治理结构为基础，对自上而下的执行制度进行标准化。在社会治理过程中，正是支持型社会组织对于法人治理结构的监管，能够保证培育社会组织有稳定的决策机制,进而实现组织的专业化。通过上述标准化机制,支持型社会组织提升了社会组织参与社会治理的能力和水平。内部治理过程规范化包括对档案证章管理、员工管理、财务管理、品牌管理、资源管理、战略管理、会员管理、项目管理等内部治理过程的标准化,其主要目的在于改善法人治理结构、完善标准化流程,确保社会组织在参与社会治理过程中能够有效发挥协同作用。

(三)促进政社合作过程规范化

支持型社会组织是政社合作的重要"接口"。政社合作机制的规范化包括购买服务规范化与合作治理规范化两方面。购买服务规范化强调政府向社会组织购买服务的范围与程序等进行公开的标准化过程。一般而言,政府相关部门会对政府购买社会组织服务进行包括招标、竞标等一系列规范化流程,然后委托支持型社会组织推荐操作型社会组织,推进政府与社会组织之间标准的合作流程。正是基于支持型社会组织对区域内社会组织与制度环境的熟悉,政府才会放心对支持型社会组织"委以重任",其本质在于提升治理过程中服务对象所获得服务内容和数量质量的规范化水平。合作治理规范化则侧重对政社合作制定公共决策、开展公共事务的过程,如对咨询、倡导、参与、协商、评议等进行规范化建设。支持型社会组织能够快速统合其周围集聚的企业、社会组织和服务对象的意见,实现公共政策反馈流程的快速标准化。购买服务规范化与合作治理规范化使得政社合作能够有效提升社会治理绩效。如江苏省南京市栖霞区民政局发起创办的栖霞区社会组织培育发展服务中心,委托爱德基金会(以下简称爱德)进行全面管理和运营。爱德在参与运营时专门成立了研发部——主要用于操作型社会组织的项目评估以及培育督导等工作,研发部在组织培育、项目孵化等方面积极实现标准化操作,其目的就是为了能够提升该区的社会组织专业化水平,实现政府培育监管社会组织、社会组织内部治理的规范化。

第三节　支持型社会组织参与社会治理的有效
路径与未来展望

支持型社会组织参与社会治理发挥着从理念引领到实践推动、从资源汇聚到信息融通、从治理创新到制度规范的重要作用。然而，支持型社会组织参与社会治理仍然存在不少问题，需要更多的理论和实践关照。尤其是在推进共同富裕与基层治理现代化过程中，要积极探索提升支持型社会组织参与社会治理水平的有效路径及其未来发展方向，以期能在治理现代化视域下推动支持型社会组织的价值创造与长足发展。

一、提升支持型社会组织参与社会治理的有效路径

（一）优化政策环境

党的十八大以来，我国政府出台了一系列有利于解决社会问题、缓解社会矛盾、促进社会公平等政策措施，实现了从社会管控到社会治理的转型（苏曦凌，2020）。支持型社会组织以服务联系者、代理托管者、资源整合者的身份参与到地方政府主导的社会治理当中，逐步建立起一种互相依赖、混合共生的代理发包体系。然而，支持型社会组织赖以生存的资金和人才等要素资源在很大程度上需要得到政府的政策支持。因此，要提升支持型社会组织参与社会治理需要创设一个良好的政策环境。

首先，加强支持型社会组织的顶层政策设计。全国最早明确提出枢纽型社会组织的是北京市。2009年，北京率先出台《关于构建市级枢纽型社会组织工作体系的暂行办法》（以下简称《办法》），提出了枢纽型社会组织

的内涵和支持措施。① 2014 年,安徽省民政局出台培育发展社区枢纽型社会组织指导意见。2015 年,山东省青岛市民政局出台《关于培育发展社区枢纽型社会组织的指导意见》,同年上海市民政局出台《关于加强本市社会组织服务中心建设的指导意见(试行)》。2019 年浙江省杭州市民政局颁布《关于进一步加强和规范杭州市乡镇(街道)社会组织服务中心建设的指导意见(试行)》,支持型社会组织在基层遍地开花。然而,国家层面尚未明确提出关于支持型社会组织的文件,只是在相关文件中以"社会组织服务中心""中介机构"等名词笼统地包含了支持型社会组织的相关内涵。国家层面加强对支持型社会组织的政策支持显得必要而紧迫。

其次,给予支持型社会组织直接扶持政策。一是动态更新政府购买公共服务的相关目录,出台专门的《政府支持枢纽型社会组织采购分类表》。考虑到支持型社会组织提供公共服务的差异,需要确定一个大致的类目并提供初步的价格参考机制,各职能部门要根据目录提出年度购买公共服务的具体项目并及时向社会公开,明确规范确立政府购买服务的招标程序。二是建立政府购买支持型社会组织服务的财税保障机制。政府职能部门要对支持型社会组织的硬件建设、传播平台,以及人力资源等方面加大财

---

① 《关于构建市级枢纽型社会组织工作体系的暂行办法》提出的支持政策与措施为第六章,具体内容如下:

第十四条 为充分发挥"枢纽型"社会组织在社会组织管理、发展、服务中的重要作用,对其承担政府授权的有关管理和服务工作,通过"政府购买管理服务"等方式,结合部门预算,由公共财政给予一定资金支持。

第十五条 积极支持"枢纽型"社会组织围绕服务社会、构建和谐、促进发展等主题,组织、动员本领域社会组织开展公益活动、提供公共服务、参与社会建设。属于政府授权的公共事务事项,可结合部门预算,由公共财政给予一定资金支持。

第十六条 按照职业化、专业化管理的要求,创新"枢纽型"社会组织人才引进和使用机制,通过多种途径,为"枢纽型"社会组织提供人才支撑和智力支持。

第十七条 设立社会建设专项资金,搭建社会组织服务平台,建立工作考评机制,加大对社会组织管理、发展、服务的支持力度,促进"枢纽型"社会组织及其所联系的各类社会组织积极发挥作用,更好更快地发展。

第十八条 将"枢纽型"等社会组织建设和发展纳入全市社会建设总体规划,市社会建设工作领导小组及其办公室要统筹协调有关部门,切实解决"枢纽型"社会组织运行中的有关问题,积极研究落实支持社会组织发展的具体措施。

政投入，保证支持型社会组织有稳定的工作环境，以建立持续的社会组织培育工作体系。各级政府根据治理需要持续出台相关的支持型社会组织参与社会治理的扶持和优惠政策，吸引社会力量和各类优秀人才投身于支持型社会组织，提升支持型社会组织参与社会治理的能力。

最后，设置支持型社会组织间接支持政策。一是积极推进政社分开，减少政府对支持型社会组织过度干预。政府在保持自身行政约束范围的同时，要强化依靠行业组织等来协同推进支持型社会组织的自律。政府只需把握其政治方向，而非使其成为政府的附属组织，增强社会组织获取外部资源的能力。二是引导设立支持型社会组织的发展基金会。一方面，可以通过基金会作为支持型社会组织扶持操作型社会组织的有效筹款渠道，以便推动这些组织的专业化发展；另一方面，基金会可以为支持型社会组织提供稳定的资金来源，以此助力支持型社会组织发展，使其能够专注于组织孵化和社会治理创新。

（二）提升支持型社会组织参与社会治理能力

提升支持型社会组织参与社会治理能力，一般通过更新支持型社会组织对自身能力认知，强化其与其他主体之间的纽带机制，优化内部治理结构，构建起以支持型社会组织为中心的治理资源网络，进而提升支持型社会组织参与社会治理能力的有效性。

首先，形成对自身治理能力的合理认知。支持型社会组织由于其枢纽型特征，既能有效联系政府和社会组织，又能将社会资源和服务对象通过社会组织联系起来，发挥了信息融通、组织互联、资源整合等功能。尽管支持型社会组织的连结性特征对社会组织和治理场景相对熟悉，但是支持型社会组织参与社会治理有较多的"不在场"特点，支持型社会组织仍然可能对于基层治理问题缺乏足够的感知，对于其自身参与社会治理的方向和路径缺乏清晰认知。因此，需要确保支持型社会组织能够利用社会调查、公益创投、项目评估、需求恳谈会等形式加强与治理场域的关联度,确保支持型社会组织在培育社会组织过程中形成有效的需求识别能力,以及正确认知自身在治理环境中的定位。

其次,完善支持型社会组织内部治理结构。完善支持型社会组织以组织章程为核心的规章制度体系。通过理事会制度、监事会制度、联席会议制度、财务管理和公开制度、报告制度等不断完善内部高效运行机制,确保围绕治理目标的制度化产出,通过制度化不断优化其自身的能级,为其参与社会治理提供稳定的组织保障。

最后,要形成组合式参与治理的能力。支持型社会组织实质是融合企业、社会组织、政府等多元力量的多中心治理平台。支持型社会组织具有连结多元主体、赋能社会组织发展、创新公共服务模式、促进社会治理规范化等功能,培育社会组织是其核心能力,应培育孵化一批具有社会功能的操作型社会组织,不断使这些组织在成长的同时发挥辐射带动作用。同时,支持型社会组织也应以社会企业等形式提高自身可持续发展能力。

(三)建立动态评价反馈机制

支持型社会组织参与社会治理的内容与范围需要建立规范化指标体系,通过绩效评估、监督检查等方式,动态掌握支持型社会组织的活动。

首先,支持型社会组织参与社会治理的信息公开是实现外部监督与评估的前提。支持型社会组织需要公开其参与社会治理过程的人员、财务、资金、公共服务、活动备案、服务反馈等。只有信息公开透明,政府、媒体、企业和公众才能对其治理绩效进行客观公正的监督和评估。支持型社会组织要面向服务对象、出资方和社会公众公开信息,特别应重视在互联网平台上的信息公开。

其次,应该更加重视出资方对支持型社会组织的评估。在"谁出资,对谁负责"的原则下,出资者往往更关注资金的使用效果。出资者对支持型社会组织的监督和评估应当遵循如下程序：在出资前同支持型社会组织订立治理绩效合同，约定资金的用处和治理效果；出资后，出资者通过合同条款，根据第三方评估报告结论来进一步确定是否追加资金和是否认可项目结果。

最后，要加强反馈内容的细致化程度。支持型社会组织发挥治理功能的重点领域，应该委托第三方机构，对其专业性和匹配度进行重点评估，也要加强对资金的管理、使用、支出和效用等进行评估，同时将评估结果及时反馈给支持型社会组织，督促其整改，以便不断提升其参与社会治理的能力和水平。

（四）以支持型社会组织为中心构建协同治理网络

支持型社会组织的重要价值之一就是协同社会组织形成网络。

首先，支持型社会组织能够构建多元化的协同治理网络。这种多元化治理网络以支持型社会组织为核心，可以超出一定地域，形成地域上的空间联盟。这种多元化的治理网络既可以基于共同主题而形成、不同主体有自己的自主性和能动性，也可以基于行业性特征，通过支持型社会组织发挥行业联合的功能。支持型社会组织协同网络的广泛性有助于社会组织整体进步。

其次，建立协同系统的有效运作机制。政府要发挥好创设有效协同的制度环境，支持型社会组织发挥好枢纽型功能，将社会组织、企业、高校、媒体等多元主体的需求和意见纳入，建立灵活高效、运作有序的协同系统运作机制，如多元主体之间的责任分担机制、合作动力机制、运行保障机制、对话协商机制、集体行动机制、利益权衡机制、信息融通机制、矛盾调解机制，从而确保以支持型社会组织为核心的协同治理网络有效运行。

最后，协同治理网络要考虑以社会需求为核心。社会组织发展的理想态势应该是敏捷回应社会需求，而对于社会需求的觉察和系统掌握也是支持型社会组织培育和孵化社会组织的前提,这也是支持型社会组织发挥联合型作用最为突出的一环。在推进共同富裕进程中支持型社会组织需要依据社会现实需求开展协同治理网络;在疫情防控过程中,支持型社会组织通过协同治理网络主动捕获民众需求,更好地做到"平战结合",发挥好协同治理的作用。

二、支持型社会组织参与社会治理的未来展望

(一)在"国家—市场—社会"三元整合框架下推进支持型社会组织建设

支持型社会组织建设是一个系统工程,需要国家、市场和社会三元互动,共谋良好的发展环境。

首先,政府部门应进一步践行"政社分开"的理念,充分激发社会活力,减少对支持型社会组织的强行"指导"与行政指派,引导社会组织自我发展。要持续推进"放管服"改革,给予社会组织充足的发展空间。通过优化服务机制,在资金、人才、制度、培训等方面为社会组织的培育发展提供肥沃土壤。

其次,提升支持型社会组织的能力建设。随着公共服务需求与个性化需求日益旺盛,以及治理难度的加大,支持型社会组织的能力需求也日渐得到增强。支持型社会组织应该在公共服务供给过程中提升自身能力,摒弃"二政府"思维。同时,恪守引导职能,尊重被孵化组织的独立性与自主性,发挥好沟通政府和社会组织功能,扮演好政府与社会组织双咨询者角色,而不应将自身的理念及方式强加于被孵化的组织。

最后,引入市场运行模式,建立政府通过公益创投购买服务的行政培育机制以及支持型社会组织社会企业化的市场培育机制。市场的发育促

使国家权力下移，为支持型社会组织的出现和发展腾置空间。支持型社会组织应汲取商业化思维高效参与社会治理创新。未来社会组织参与社会治理有赖于国家、社会和市场三元力量的博弈和整合，最终实现三元框架下支持型社会组织的培育发展与良性互动。

（二）支持型社会组织走向平台化与数字化

在数字改革背景下，支持型社会组织需要不断满足变革中的社会治理需求，利用数字化手段来把握基层诉求和社会组织发展态势，通过调整和重组来适应快速变化的外部环境。支持型社会组织通过开发建立数据库，借助大数据技术，能够更好地识别公益慈善领域同市场、政府部门之间的影响机制和关键因素。支持型社会组织能够有效接入整体型政府的数字端口，由此通过数字改革构建起连结上下游和多元利益相关者的网络，数字化、平台化已经成为许多支持型社会组织的发展趋势。

同时，支持型社会组织平台越来越基层化，各地推动社区社会组织服务中心就是重要体现。基层支持型社会组织特别是社区支持型组织致力于通过参与式发展，以提高资源使用的效率和能力，加强边缘性群体的横向联系和公共参与以分享知识、建立共识和培养能力，通过基层支持的网络构建促进多元化社区的发展变革。社区支持性社会组织的路径选择体积在以下两个方面：一方面，需要在基础层面、执行层面和组织层面进行积极拓展创新；另一方面，则需要依靠制度环境的能动变革和弹性约束，共同推动社区社会组织的增能发展，促进社区治理的有效实践。

（三）建立立体化人才培育机制和能力建设体系

政策扶持和资金支持固然是支持型社会组织发展的前提，相关保障和监督机制也是其必要条件。然而，人才是支持型社会组织创新发展的根本，包括人才理念的更新和人才能力的提升。在人才理念方面，应促进专业工作者认同组织理念、平衡心理预期、强调精神收获。具体表现为探索针对支持型社会组织从业人员的相关人才优惠政策与激励性措施,制定具体的人事政策,吸引优秀人才投身社会组织孵化事业。在能力建设方面,从优化从业人员的梯队结构及组建职业化的专业团队入手,提升团队的协作能力与团队意识。与高校及研究机构建立合作关系,形成系统的人才培养与输送机制,从而提升团队的整体水平。有关社会组织及其他公益行动的教育,也应该有计划地纳入学校教育与培养体系,让公众从小了解、接受,乃至热爱社会组织与支持型社会组织的培育与发展。

案 例

优化慈善资源配置 推动公益生态建设
——以微笑明天慈善基金会为例

微笑明天慈善基金会(简称"微笑明天")成立于 2013 年底,致力于"扶弱济困、发展现代公益慈善事业、弘扬社会主义核心价值观"的宗旨。微笑明天的创立缘起于 1991 年微笑面部先天畸形公益救助项目,微笑志愿者们以杭州为起点,发起了一个专门救助唇腭裂及其他面部畸形的医疗救助项目。30 多年来,微笑明天将慈善做到了全国 20 多个省(区、市)并走出了国门,帮助了海内外 7.5 万多个困境唇腭裂孩子重拾微笑。

尽管在公益救助与医疗救助项目上业绩显著,微笑明天渐渐意识到,仅仅靠一家组织埋头苦干,默默耕耘一个项目,会陷入社会组织发展瓶颈。在追求"共建共治共享"的当下,微笑明天开始谋划如何突破天花板,做好链接资源的角色,把慈善的价值理念传递给更多人。在 2016 年《慈善法》春风吹动下,微笑明天决定转型为枢纽型、链接型、平台型的基金会,以善心融化更多人的善行,营造整个社会善念。2017 年 8 月,微笑明天获得公募资格后,开启了公益事业联合发展之路,在持续开展公益救助项目的同时,担当起支持型社会组织参与社会治理的重要角色。

(一)搭建资源网络,推动公益慈善从联合走向融合

1. 科技创新赋能慈善,实现数字化精准帮扶

微笑明天在获得公募资格后,迅速入驻了民政部指定的几家互联网募捐信息平台,与传统形式的公开募捐相比,社交媒体、网络平台的快速传播容易触及群众,"额小量大、灵活迅速"——指尖慈善跨越了地区、行业的界限,放大了共享效应。特别是应对重大突发公共事件,网络慈善利用大数

据精准匹配,直观画面触发公众爱心,借助传播效应在社会迅速得到反响,人人做慈善,行行可慈善。

2020年春节期间,新冠肺炎疫情突然暴发,微笑明天团队迅速响应,抗击疫情的项目在腾讯公益平台和微公益平台上线,很快受到了广大爱心人士的关注,24小时接收到的爱心善款突破1000万元,在这之后的2个多月时间内,微笑明天累计募集款物总价值超过6500万元。微笑明天全体人员紧张有序、夜以继日地工作,启动并打通了各种渠道,积极对接各类物资。将湖北急需的口罩、防护服、呼吸机、消毒液等物资送至基层医院和社区。2021年7月,河南暴雨导致灾情严重,微笑明天紧急立项,在腾讯公益平台上线项目,仅用3个小时就完成了1000万元的筹款目标,及时为当地参与救援的救援队补充了急需的救援物资,并在灾情结束后支持当地受灾的基础设施重建工作。

除了互联网筹款,微笑明天在"科技向善、智慧公益"方面有些新的尝试。微笑明天与爱心企业——粉象科技开展合作,双方根据粉象平台和产品的特色做了一个项目,即在它的电商平台上每成交一个单子,就给微笑明天的唇腭裂救助项目捐赠一分钱。一分钱是多小的事,但是考虑到这是一家年GMV达到100多个亿的企业,积少成多,一分钱的力量也不可小觑。

在物资捐赠如何实现精准帮扶方面,微笑明天联合专业团队打造了"益仓平台",链接起捐赠物资和受助群体,通过科技手段,精准定位,能够把一些受助人群需要的物资很快地发往全国各地。借助数字化手段,慈善资源与慈善需求难以匹配的问题得到解决,实现了慈善资源配置的优化。

2. 横向拓展合作项目,构建联合劝募项目矩阵

公益资源应该是横向延伸、向上生长的。只有对接好资源,项目才能有效落地,资源才能放大、增效。微笑明天作为枢纽型平台与支持型社会组织,一直致力于链接全国公益组织和社会资源,联动更多的金融服务机

构和社会团体,为有需要的人群提供更好的服务。

微笑明天从医疗项目起步,在疾病救助领域有着资源优势,在华东、华南、华西等11个省(区、市)都有定点合作的医院和医疗志愿者资源。随着基金会的不断发展,各种类型的合作资源也在不断增长。微笑明天现已形成以公益项目为依托,为操作型社会组织提供"政府＋医院＋企业＋高校＋金融机构"合力支持的资源库。在与联合劝募伙伴的合作中,充分利用资源库的资源,帮助操作型社会组织获得源源不断的支持,以促进项目和机构的持续发展。

当前,微笑明天通过链接全国公益组织和社会资源,在疾病救助、教育助学、济困助老、乡村振兴、自然保护、社会组织发展和社会倡导等领域形成联合劝募项目矩阵、协同救助,并与众多国际慈善组织和高校开展广泛的交流与合作。截至2022年8月6日,微笑明天已联合全国300多个社会组织开展各类公益项目超过400个,联合劝募总额近2亿元人民币,并开展了4个慈善信托项目。

3.纵向挖掘项目深度,促进项目可持续发展

自新冠肺炎疫情发生以来,越来越多的危机和变数使得我们曾经熟悉的一切变得越来越不可捉摸和无法把握,当这种脆弱性和不确定性成为常态,很多慈善组织与社会组织面临着较大的生存发展挑战。而优秀的品牌慈善项目,能在这个关键时刻发挥作用,为操作型社会组织赋能,让面临困境的社会组织重新获得力量。微笑明天一直坚持与慈善组织共同成长,挖掘慈善项目深度,促进慈善项目迭代,打造慈善项目品牌,使慈善项目捐赠资金效率最大化,实现项目的可持续化和规模化。

微笑明天的"兔唇宝宝的微笑"项目运营至今,从为兔唇孩子做修复手术到为孩子们提供后续的语音治疗,到现在的综合序列治疗,项目在不断地创新迭代的过程中,获得了公众的认可与信任;在助老领域,微笑明天的"暖暖夕阳 微孝一餐"项目也逐渐形成了自己的品牌效应,项目通过助餐

聚集,建立互助守望社区,让困境老人有餐、有爱、有陪伴。截至2022年6月,"暖暖夕阳 微孝一餐"与当地操作型社会组织合作在云南、陕西、辽宁等地落地22个服务点,已服务了800＋老人,提供了约26400份餐点,与微笑明天合作的社会组织数量还在逐年不断递增中。

在微笑明天的支持与陪伴下,联合劝募的社会组织合作伙伴们也一直在深耕各类项目,"乡村振兴盼鸿雁归来"项目,深入新疆、四川、云南等地,因地制宜持续推广生态种养殖,累计规划生态种植基地300亩,开展乡村农耕文化与生命教育20场次,乡村儿童1万人次受益。

"爱在光明 救助眼睛"项目依托专业眼科医院及设备、专家医生团队,通过下乡、进社区等落地筛查义诊和社会求助等方式,救助全国地区的困难家庭眼疾患者。项目执行团队温州天爱公益协会与微笑明天合作至今,从2019年年筹款额190万元,到2021年年筹款额达到了560万元,目前社会救助支出已超千万元。

"大凉山一帮一助学"项目是为大凉山地区在校期间无力承担生活费的困境学生提供资助的项目,项目一对一资助困境家庭的孩子、孤儿、单亲、留守儿童共计33800余人。该项目由微笑明天交托四川省索玛慈善基金会项目团队具体负责落地执行。

(二) 支持推动行业发展,传播公益慈善文化

深厚的慈善文化可以助推社会良性运转,弱化柔化社会矛盾,维护社会和谐稳定。"从善如登,从恶如崩",培育公众慈善观念是功在当代,利在千秋的重要事业。

在新媒体运营上,微笑明天不断完善互联网传播机制,全方位打通官微、官网、官博、抖音、快手、B站的建设,联合80多位明星带动公益话题传播,实现公益理念在公众间的倡导。同时,微笑明天非常重视与各类电商平台的合作,联合KOL在粉象生活、亲宝宝等垂直类电商上互动,通过意

见领袖向公众传达公益声音。

近年来,微笑明天先后参与了"创益未来——公益创新与融合发展亚洲论坛""2020 钱塘善潮""世界健康大会""国际影响力投资大会""中国公益新势力大会""新时代企业社会责任论坛"等大型论坛,并成为"中国基金会发展论坛"2021 年度轮值主席,与杭州的慈善组织共同发起"杭州市基金会发展促进会",以此来学习、创新慈善形式,联合更多慈善力量,传播公益慈善观念。

"公益慈善的一个重要目的是要成为社会治理的一部分。"正是得益于党和国家宏观政策支持和科技赋能公益慈善的双重利好,微笑明天得以一方面强化自身发展建设,另一方面推动公益行业生态发展,通过不断向上链接资源进一步实现项目持续向下深耕,在自身核心项目参与解决社会议题的同时,通过联合筹款的方式赋能基层社会组织共同发展,从而解决更多的社会议题。微笑明天以传统媒体与新媒体结合的方式大力传播慈善文化,厚植慈善根基,倡导更多的人加入慈善事业,以深沉的善念、暖心的善举,汇聚成中国社会向上向善的深远力量。

案例分析题:

1.结合案例,作为支持型社会组织的微笑明天慈善基金会为什么可以有效推动公益生态建设、提升社会治理?

2.结合案例,微笑明天慈善基金会与政府、企业和其他社会组织的关系是如何构建的?

3.结合你身边的支持型社会组织,试分析该支持型社会组织参与社会治理的多元机制。

第五章　跨部门合作提升社会组织参与社会治理效能

随着社会复杂性加剧,解决社会问题涉及的主体、范畴以及领域日趋多元,公共事务治理也更加纷繁复杂。跨部门合作的社会治理方式越来越被认为是满足复杂化公共服务需求的有效途径(王名等,2014;姜晓萍,2014;Ackland & O'Neil,2011;Doerfel & Taylor,2017;Yang et al,2018)。对于社会组织而言,跨部门合作可以使组织更好地践行使命、实现社会价值。对于政府而言,跨部门合作可以使政府与其他组织共同解决日益复杂化的公共治理难题,提高公共服务供给的有效性。对于企业来说,跨部门合作可以给企业带来声誉提升、扩大商业机会。

本章将从社会组织参与社会治理角度,探讨跨部门合作提升社会组织参与社会治理效能。首先,本章阐述社会治理中跨部门合作的含义,多元主体建立跨部门合作的原因,以及建立跨部门合作的理论基础;其次,探讨跨部门合作提升社会组织参与社会治理效能的多元路径;最后,分析跨部门合作提高社会组织参与社会治理效能的三种机制,即合法性机制、市场撬动机制与网络机制。

第一节　跨部门合作与社会治理

一、社会治理中的跨部门合作

随着社会经济发展日趋多元化，环境保护、抗震救灾、弱势群体保护等社会议题呈现出了跨领域、多主体等特点。仅靠单一部门的力量无法调动大量社会资源，更无法独立解决上述社会问题，跨部门合作的社会治理方式呼之欲出。那么，什么是社会治理中的跨部门合作？跨部门合作主体与合作目的是什么？

（一）跨部门合作主体

从合作主体来看，跨部门合作主体可以是指公共部门、营利部门与非营利部门中的任一两个或三个的有效组合，即公共部门—营利部门、公共部门—非营利部门、营利部门—非营利部门，以及公共部门—营利部门—非营利部门。跨部门合作旨在探究公共部门、非营利部门与营利部门在共同处理跨领域、跨组织特性议题时的互动关系，这种互动关系是一种基于相互认同的目标，建立在不同行动者之间相对自主、公平参与、明确责任、透明程序的相互嵌入的互动模式之上（Brinkerhoff，2002）。布莱森等将跨部门合作定义为两个或两个以上部门自愿进行组织联结的共同努力，包括信息、自愿、活动、能力、风险和决策制定方面的共享，并以达成一致的公共产出为目的，而这种产出在单独一个组织行动的情况下是很难或不可能实现的（Bryson，2006）。

（二）跨部门合作目的

从合作目的来看，跨部门合作主要是寻求资源整合与功能互补，试图达到合作增效的目的。跨部门合作能够带来多元整合，使得政府可以凭借与其他社会组织或团体的合作关系，基于功能互补的相互依赖，经由资源与信息交换的网络，扩张彼此在公共服务供给过程中的角色与作用，而借助跨部门合作所展现出的协同治理形态也能够有效达成增效的目的（Peters & Pierre，1998）。

综上，从社会治理角度出发，跨部门合作是指政府、社会组织、企业等不同主体为达成某一目标或实现共同价值而采取的跨部门行动。从合作主体层面，跨部门合作可以将其分为政府与社会组织合作、政府与企业合作、企业与社会组织合作，以及政府、企业与社会组织合作；从合作目的层面，社会治理中的跨部门合作主要是通过物资、资金、信息、专业服务等途径实现政府、企业、社会组织等不同主体合作交流，从而达到提高社会治理效能的目的。

二、社会治理中建立跨部门合作的原因

随着市场化、全球化、信息化的加快以及公共事务的日益复杂多变，社会治理面临着的公共问题越来越无界化、复杂化、多元化，如全球新冠肺炎疫情危机、公共危机治理问题、人口老龄化问题、城市"新二元结构"问题等，以往单一政府管控下的社会治理模式早已捉襟见肘。与此同时，人们发现无论哪一个部门都有自己的优势与劣势，在供给服务时，公共部门会出现政府失灵、营利部门会出现市场失灵、非营利部门会出现志愿失灵。这些都说明社会治理需要实现跨部门合作方式的创新。

（一）治理环境日益复杂化

随着公众对公共服务与公共物品供给的日益多样化,现有社会治理方式越来越难以适应公众的多元需求,导致治理需求与治理能力产生严重落差,面临更多的挑战。

社会转型导致新的社会治理问题迫使社会治理创新。全面建成小康社会的经验表明,中国正在将发达国家用几百年完成的现代化置于几十年的时空之中,形成赶超型压缩式发展模式。社会的快速发展与急剧转型引起整个社会结构及其内部各个组成部分的功能变化,从而产生新的社会治理问题,诸如人口转变导致的人口老龄化问题、人口流动与城镇化导致的城市内部的"新二元结构"问题、中产化社会导致的中产阶层崛起、消费升级与阶层治理问题等(张翼,2020)。人口老龄化问题就为跨部门合作的必要性提供了一个重要例证。老龄化带来了养老金问题,老龄人口的增加导致养老金的供给侧有所减少,但养老金的需求侧正迅速上升;老龄化也对家庭造成了很大的影响,养老压力越大,成年人就越有可能将当期剩余用之于父母的养老或者储备用之于自己未来的养老,这会抑制生育意愿,降低当期生育率,造成人口金字塔底部的加速收缩。这些问题迫使公共部门领导者与管理者在继续发挥管理职能的同时,联合所有跨部门主体,积聚力量,提供更为精细化的、分群体类型的社会服务,以预防老龄化社会所带来的各种社会脆弱性风险。

社会公共服务需求的多样化呼吁社会治理创新。改革开放带来了中国经济高速发展的奇迹,在社会结构急剧变迁、政府职能深度转变、公民意识日渐提升等因素的共同作用下,公众的普遍价值观转变为对民主、公平、法治、和谐、美好等高层次愿景的追求。人们不仅关注公共服务品质的改善提升,对公共服务供给提出多元化、多层次、个性化、精准化和智慧化的要求,更希望在公共服务供给的意见表达、决策咨询、过程监督和结果评价等环节中的有效参与。提升公共服务供给质量,摒弃"规模导向型"的公共服务供给模式,精准回应人民对公共服务的需求,满足人民对"幼有所育、学有所教、劳有所得、病有所医、老有所养、住有所居、弱有所扶"的追求,并在公共服务供给中关注公民权利的实现,将公民参与融入公共服务供给过程,以更加兼容开放的公共服务供给回应人民群众对幸福感、获得感、参与感的多层次诉求(黄新华、何冰清,2020)。

(二)社会治理的多重失灵

以往单一组织或部门为主的社会治理方式已经无法有效应对高速流动性、高度复杂性和高度不确定性的公共问题,进而导致了市场失灵、政府失灵、志愿失灵的多重失灵局面。这就迫使我们需要整合单一部门的比较优势,建立跨部门合作的社会治理新方式。

新自由主义理论认为,私人市场(营利部门)在分配资源方面往往优于公共部门,但也承认市场有时候会失灵。市场失灵主要源于营利部门过分追求自身利益而导致无效率资源配置。非竞争性、非排他性的公共物品无法由营利部门出于利润的目的而生产;存在外部性的产品扭曲了价格导致供给失衡,以及信息"不对称"等问题导致消费者缺乏充足的信息来判断产品的效能。

市场失灵为政府干预提供了理论基础,政府干预可能以多种形式出现,如碳汇政策、污染排放许可等。然而,政府在实现其目标方面也经常出现失灵现象。新自由主义理论认为,政府可能无法突破官僚体制的限制,从而无法找到解决所出现的公共问题创新性方法。同时,政府存在工作绩效难以考量的问题,由于缺乏竞争性而导致垄断性服务问题,以及不利于问题有效解决的绩效结构等。然而,政府失灵并不意味着政府没有发挥任何作用,只是说公众并不能总是从政府所提供的产品与服务中获得所期望的结果。

政府失灵与市场失灵现象在治理环境日益复杂化的背景下大量"涌现"，在越来越多社会治理问题上同时出现且无法实现优势互补（周军，2020）。基于此，人们试图在政府与市场之外寻求"第三道路"——非营利部门。然而，令人遗憾的是，非营利部门并不是解决社会治理问题的"万能药"，它存在"志愿失灵"问题。萨拉蒙认为非营利组织的"志愿失灵"主要体现在非营利组织的独立性不足、慈善不足、慈善组织的家长式作风、慈善的业余主义等四个方面（Salamon，1987）。独立性不足是指营利性组织的设立、组织、运行等各方面过度依赖政府，组织结构过多被政府介入干预，组织运行的经费主要依靠政府等，使非营利组织缺乏独立性，仍然成为政府的附庸；慈善不足主要是指非营利组织缺乏充足稳定的资源，加上服务对象往往集中于特殊人群，导致慈善的供给不足；慈善组织的家长式作风是指那些控制着慈善资源的人往往根据自己的偏好来决定提供什么样的服务，而忽略了社会的实际需求，由此往往导致服务供给的集中化和盲目性，而社会真正需要的服务却供给不足；慈善的业余主义是指慈善组织强调由义工或志愿者提供服务，却不能提供有竞争力的工资，因而无法吸引专业人才加盟。对于残障人士、未婚母亲等特殊人群的服务可能需要受过训练的专业人员，但是志愿组织往往由于资金的限制而无法提供足够的报酬来吸引专业人员加入，导致公共服务质量低下。

综上所述，在社会治理中，仅有企业，或仅有政府，或仅有社会组织等单一主体是不够的，一个健全的社会体系必须同时包含这三种力量。因此，当"市场失灵""政府失灵"和"志愿失灵"等多重失灵共存时，我们迫切地需要整合各行动者的比较优势，以形成跨部门合作的社会治理新方式。

（三）政府职能转型

当前社会治理面临全新的生态环境，随着公共问题边界日益模糊和社会治理主体日益多元化，许多社会问题已经不能在传统官僚制度和科层制范围内解决，这就要求传统的政府管理模式发生变革，推动跨部门合作社会治理方式创新。20世纪80年代，西方发达国家掀起了一场政府改革运动，即"新公共管理运动"。欧文·休斯（Owen Hughes）在《公共行政与管理》一书中说道："从80年代中期以来，发达国家的公共部门管理已发生了转变，曾经在本世纪的大部分时间中居于支配地位的传统公共行政管理的那种刻板、层级官僚体制形式逐步转变为一种灵活的、以市场为基础的公共管理形式。后者并不是一种改革事务或管理方式的微小变化，而是政府职能以及政府与社会关系的一种深刻变化。新公共管理的兴起意味着公共部门管理领域中出现了新范式。"从实际操作层面看，新公共管理运动强调改变传统的政府管理模式，建立新的政府管理模式，这种全新管理模式的核心目标之一旨在提高社会组织在社会治理中的主体地位，将社会组织与市场主体纳入公共管理的主体范围，力图实现公共管理的社会化。新公共管理要求政府的管理职能逐渐淡化，公共服务职能的实际提供主体由政府转变为社会组织等其他社会力量。

就我国而言，政府职能转变是改革开放以来行政体制改革的关键内容。党的十八大以来，围绕推进国家治理体系和治理能力现代化的总目标，政府职能转变为实现政府、企业、社会组织之间的跨部门合作提供了现实基础。按照新公共管理理论的建构逻辑，政府职能转移需要将政府的服务职能逐渐转移到社会组织等其他社会主体手中，实现公共服务供给主体的多元化。在传统政府"大包大揽"的社会管理模式下，社会问题的解决、公共物品的提供严重依赖政府，但随着中国社会结构的日趋多元化，社会力量得到不断发展与完善，传统政府管理模式在一定程度上展现出不足。同时，社会不断出现呼吁政府机构改革、政府职能转变以及政府管理模式创新的声音，而政府也逐渐通过分权、放权等方式转变自身的角色与任务。特别是在多中心治理理念影响下，政府逐渐把部分公共物品的提供转移到企业、社会组织或公民个体。在我国，政府通过多次行政体制改革，特别是放管服改革，政府职能不断得到完善与发展。我国政府通过公民参与政府决策过程、接受监督与评议、听证制度等手段，为实现政府、企业、社会组织的良性互动与跨部门合作提供了良好的制度基础。

三、社会治理中建立跨部门合作的理论基础

社会治理问题的解决需要汇聚不同资源，而资源依赖理论表明不同组织离不开外部制度环境所赋予的各种资源，这使得不同主体拥有了建立跨部门合作的内生动力。政府职能转变引发了社会治理领域的制度环境变迁，政府强制性制度变迁给予社会组织建立跨部门合作的重要机会。同时，合作治理理论也为不同组织建立跨部门合作、整合不同部门优势、解决社会治理问题中的多重失灵现象提供了理论基础。

（一）资源依赖理论

资源依赖理论是将组织研究从封闭系统研究转向开放系统研究的重要组织理论之一，杰弗瑞·菲佛（Jeffrey Pfeffer）与克雷格·萨瑟兰（Gerald Salancik）在 1978 年出版的《组织的外、部控制：对组织资源依赖的分析》一书中对资源依赖理论进行了系统论述。资源环境理论关注的是组织与环境之间的关系问题，组织根植于由各种各样的联系所组成的环境网络之中。而组织所需要的各种资源，包括财政资源、物质资源以及信息资源，都是从环境中获取的，因此组织不得不依赖这些资源的外部提供者。

资源依赖理论的主要观点有：（1）在组织所需要的生存发展资源上，没有一个组织能完全实现自给自足，出于对资源的需要，组织必须介入到由其他组织共同组成的环境之中，而拥有这些资源的其他组织就成为其交往对象，组织就对其具有依赖性。（2）组织间的依赖具有相互性与动态性，一个组织对另一个组织的依赖程度取决于以下因素：某项资源对于组织生存

的利害程度；某项资源被其他组织的控制程度；替代性资源来源的存在情况。(3)在动态的资源依赖关系下，掌握较多稀缺资源的组织会对依赖方产生不同程度的控制，而依赖性较强的组织则会想办法减少依赖，增加自主性。这种组织间依赖关系并不是一成不变的，而是可以通过多种途径来协调和平衡。

资源依赖学派认为，一个组织最重要的目标是要努力降低对外部关键资源供给组织的依赖程度，获得稳定掌握关键资源的能力。资源依赖学派还区分了两个概念：效能(effectiveness)和效率(efficiency)。所谓效能是指组织满足不同群体的需求以获得有效结果的能力，它侧重于从外部视野出发强调组织要做正确的事，而正确与否的标准则由组织的权力掌握者制定；效率则是从组织内部的角度出发强调组织要正确地做事，衡量的标准主要是资源的投入产出比。资源依赖学派认为，当前环境中提高效率已经不再是组织所面临的主要问题，而效率提升带来的组织间相互依赖才是组织所面临的真正问题。所以资源依赖学派将重点放在了组织效能之上，并认为组织在获取和维持资源方面的效能至关重要(费显政，2005)。

资源依赖理论从组织与环境关系视角揭示了组织通过内部结构和过程调整等自主性行为，采取相应策略来改变自己、选择环境与适应环境的过程，为组织建立跨部门合作提供了理论支撑。值得注意的是，资源依赖理论所强调的组织环境并不仅仅是一个客观的、实际存在的东西，而是组织与组织管理者通过自己的选择、理解、参与、设定而产生的，是组织与环境交互作用的一系列过程的结果(马迎贤，2004)。组织的生存发展需要依赖外界环境的资源，这种外部限制使得组织需要发挥能动性，与其所依赖的环境中其他组织实现互动。在不同组织相互依赖过程中，为了减少不确定性，不同组织之间会通过合并、联合、游说或治理等方法实现环境变迁，这导致不同组织之间的互相渗透与控制，其中最明显的行为就是不同组织之间会形成联盟或者达成合作，从而共享信息、交换资源(Aldrich &

Pfeffer，1976；Pfeffer & Salancik，1978）。这种合作行为为组织的资源获取提供了稳定的来源，是影响组织生存发展的重要因素。换句话说，组织建立跨部门合作的很大原因是为了从外界获取不同的资源，满足自身发展。

（二）新制度主义理论

新制度主义理论中的强制性制度变迁为社会组织建立跨部门合作参与社会治理提供了一个外在压力的理论解释。在探讨强制性制度变迁之前，有必要对制度变迁理论中具有代表性和典型性的"诺斯模型"进行回顾。

兰斯·戴维斯（Lance Davis）与道格拉斯·诺斯（Douglass North）合著的《制度变迁与美国经济增长》一书强调了制度变迁对美国经济增长的重要意义，并对"制度"作了更具体的区别和定义。他们认为，制度首先指"制度环境"，即"一系列用来确定生产、交换与分配基础的政治制度与法律规则"；其次是指制度安排，即"支配经济单位之间可能合作与竞争的方式的一种安排"。前者相对稳定，可作为制度创新模型的外生变量，制度创新则主要指制度安排的变化（戴维斯、诺斯，2019）。在制度变迁过程中，诺斯等人把制度变迁视为一种"制度均衡—非均衡—均衡"的过程。制度均衡指在既定的制度安排下，如果已经获取了各种要素资源所产生的所有潜在收入的全部增量；或者潜在利润仍然存在，但改变现有制度安排的成本超过潜在利润；或者如果不对制度环境作某些改变，就不可能实现收入的重新分配，那么现存的制度结构就处于一种均衡状态（即"制度均衡"）。制度均衡实际上就是现存的制度结构处于"帕雷托最佳状态"之中，在这一状态中，"现存制度安排的任何改变都不能给经济中的任何人或任何团体带来额外收入"（戴维斯、诺斯，2019）。

然而，制度均衡并非永久，外在事件的变化会给现有制度安排造成压力。第一,新的潜在收入随着条件的变动产生,一项新的制度安排能够实现这种潜在收入,如新技术的应用带来的规模经济效应;第二,组织或者群体操作一个新的制度安排的成本可能发生改变,如由于出现了新技术发明,使得某项制度变迁成本大为降低;第三,法律上或政治上的某些变化可能影响制度环境,这些情况都会使得现存的制度安排通过改进实现新的收入,即处于制度非均衡状态,存在向新的帕雷托改进的可能,而如果制度变迁确实发生并实现了新的帕雷托最优,则新的制度均衡就出现了。

在党的十八大以后,我国政府将发展社会组织纳入了社会治理创新的重要范畴,围绕培育发展社会组织,推出了税收优惠、购买服务等多项举措,实现了对社会组织发展的制度变迁,这有效改变了以往政府对社会组织采取双重管理、限制发展等单一控制逻辑的制度安排,开始对社会组织采取政府购买服务与转移政府职能等合作互动逻辑,这意味着政府与社会组织关系出现了新动向(郁建兴、沈永东,2018)。

(三)合作治理理论

合作治理理论起源于 20 世纪 90 年代的治理理论。治理理论强调治理是为了有效解决日趋繁杂的社会公共事务与公共问题和促进社会正义的实现,包括政府、市场、社会组织和其他社会力量在内的多个主体,基于共同的价值诉求和公共利益,与相同或相似的政治、社会和文化认同作为合作共治的伦理基础,在法治的框架内,通过网络化的协商、监督与持续的互动所形成的一种动态、多元、共治的管理模式。合作治理理论则更强调合作机制,强调行为达成的可操作性,故而社会治理行动的策略、技术、关系、模式、价值等因素成为合作治理理论探讨的重点。

合作治理在机制上是跨越单个公共组织,在资源参与和正式合作的基础上,政府与企业、社会组织三方一起建立平台,并且指导、促进、操作和监视跨部门合作平台的过程(Tang,2008)。合作治理在行动主体上认为必须包括所有的利益相关者(Connick & Innes,2003)，在价值上强调有关政府机构和民众要有共同追求(Reilly,1998)，在行动上强调是各主体的联合行动、结构互融和共享资源(Walter & Petr,2000)，并形成结构化安排(Padiila & Daigle,1998)。更重要的是，合作治理不同于单一科层制中不同政府部门合作，而是在经济交流和竞争中把公共决策与市场交易相结合的权力分享模式。

我国正面对前所未有的社会经济变化与挑战，合作治理正在成为我国用以解决各种公共与社会问题的新型手段。在新型社会体制建立的过程中，最为重要的是打破政府本位主义，确立起"他在性"的原则，根除行政傲慢，其中社会治理创新是重心和突破口，需要适应社会治理主体多元化的现实要求，从政府垄断社会管理转变为与其他社会治理力量合作治理(张康之 2014)。敬乂嘉(2015)分析和总结了西方国家相关实践及理论问题，指出合作治理的总特征，并从实证角度对中国和美国的合作治理实践进行对比分析以进一步指导中国合作治理的实践。

总体来说，合作治理理论的逻辑起点是边界问题，它以治理理论为基础，追求创造和增进公共利益，主张通过政府组织内部的纵向协作，政府内部以及不同部门之间的横向协作，以及政府部门、营利部门和非营利部门及公民之间的跨部门跨组织协作，达到"资源共享、效率提升、服务协作和无缝隙化、参与方互惠互利"等协作目的，实现公共利益(范永茂、殷玉敏，2016)。合作治理理论强调了社会各个部门的主体地位，为不同部门组织采取跨部门合作方式参与社会治理提供了理论基础。

第二节　跨部门合作提升社会组织参与社会治理效能的路径

社会组织发展和社会治理水平提高,与快速增长的经济发展、卓有成效的政府变革一起,同属于中国特色社会主义的伟大实践与重要成果。社会组织正日益成为社会治理中的重要主体。然而,我国社会组织由于身份定位不明、资源匮乏等原因,仍未能在组织规模发展、作用发挥上取得重大突破,整体的结构与功能都存在明显不足。社会组织在参与社会治理过程中也面临许多困境,其中合法性困境、资源困境与组织能力困境是较为突出的三个方面,限制了社会组织参与社会治理的效能。因此,本节从社会组织的合法性困境、资源困境与组织能力困境出发,探讨跨部门合作提高社会组织参与社会治理效能的路径。

一、跨部门合作提升社会组织参与社会治理合法性

制度主义理论强调合法性的重要性,并认为制度环境是指一个组织所处的法律制度、文化期待、社会规范、观念制度等被人们广泛接受的社会事实,它具有强大的约束力量,规范着组织的行为,迫使或诱使组织去接受和采纳社会上认可的做法和形式(周雪光,2003)。迪玛奇奥和鲍威尔(1983)则强调了组织服从合法性机制的功利性基础,即组织采纳社会认可的管理经验和组织模式,是因为可以减少环境的不确定性,获得外部环境的认可,以及更加顺利地与其他组织交换资源,从而维持组织的生存与发展(DiMaggio & Powell,1983)。有学者从我国社会组织的发展起源讨论了这个话题,认为无论是党或国家创立的"体制内社会组织"(如工会、共青

团、妇联、慈善协会),还是政府外的个体或组织设立的"体制外社会组织"(各种草根组织),一方面面临着政府监管等方面的合法性,另一方面面临社会文化认同的合法性(邓宁华,2011)。

社会组织建立跨部门合作可以提高社会组织的政治合法性与社会合法性。在政治合法性方面,社会组织在制度环境下常常可以通过显示自己与国家意识形态、国家目标任务和国家政策一致来表达"政治上的正确",进而使组织以及活动内容符合政治规范,获得政府认可(高丙中,2000)。社会组织与政府跨部门合作这一举措能够在体现自身政治正确立场的同时,增进党和政府对社会组织的认可和支持,为社会组织发展提供更大的行动空间。而政治合法性的增强也有助于社会组织与党政部门达成合作,帮助社会组织获取党政系统内资源。研究表明,与没有和政府建立跨部门合作的社会组织相比,与政府建立合作的社会组织可以通过政府购买社会组织服务等方式拓宽其筹资渠道。在社会合法性方面,社会组织与企业建立跨部门合作能够增加合作产生关联价值,即指社会组织由于与企业建立了跨部门合作关系,而更多地受到来自企业利益相关者和相关公众的关注,从而增加其对社会组织的社会认同。从这一角度出发,社会组织与企业建立跨部门合作可以提升社会组织的社会合法性(Austin & Seitanidi,2012)。

二、跨部门合作拓展社会组织参与社会治理的资源

依据资源依赖理论,社会组织参与社会治理所需要的各种资源是需要从外部环境中获取。跨部门合作因而成为拓展社会组织获取资源的重要途径。社会组织资源是指社会组织为实现服务于公共利益的使命,从政府、企业等外部环境中获得的可直接控制和使用的各种要素,既包括资金、土地、志愿者等有形资源,也包括合法性、文化、信息等无形资源(Barney,

1991;陈祝平、杨涛,2015;万玲,2018)。社会组织通过与不同部门建立跨部门合作形成了社会网络,并通过社会网络拓展各种资源渠道。

社会网络理论认为,群体中的行为人可以从行为人与行为人之间联系所形成的关系网络中获取信息、机会、人员、信任、资金等资源。行为人可以包括组织、集体、个人等。关系是指行为人之间的特定联系(Granovetter,1973)。根据分析侧重点的不同,社会网络理论可以分为两种研究视角:结构主义视角与功利主义视角。结构主义视角强调社会网络规模等网络整体特征的影响。马克·格兰诺维特(Mark Granovetter)(1973)提出关系强度概念,认为强关系是社会经济特征相似的个体之间的联系,弱关系是社会经济特征不同的个体之间的联系。相比于强关系,弱关系更能为个体带去跨类别的信息和资源。"结构洞"理论则认为在社会网络中个人或组织的结构洞位置越多,说明个人或组织拥有的非重复性的信息源越多,优势就越大,资源获取能力也越强。功利主义视角侧重社会网络中所具有的社会资源(Burt,1992)。科尔曼(1990)认为个人或集体可以从社会网络获取资源,从而影响个人或集体利益。边燕杰与邱海雄(2000)则进一步将社会资本从个人层面拓展至组织层面,认为社会资本是行动主体与社会的联系以及通过这种联系网络获取稀缺资源的能力。

从社会网络理论出发,跨部门合作帮助社会组织建立了社会网络关系,影响了社会组织的社会网络规模、关系、位置等,进而拓展了社会组织的资源。从社会网络规模来看,社会组织的跨部门合作行为越多,社会组织的交往范围和关系网络就越大,社会组织资源来源渠道就越多,社会组织的资源获取能力就越强。李晓翔和刘春林(2010)对自然灾害管理中的跨部门合作进行研究,发现跨部门合作能消除或缓解资源分布不均和资源匮乏所带来的社会弱点,进而增强灾难管理的效率和效果。从社会网络关系来看,社会组织的跨部门合作行为越多,社会组织与社会经济特征不同的组织建立的弱关系就越多,社会组织拥有的跨类别、跨部门的信息与资源来源渠道就越丰富，拓展了社会组织的资源。匡立波和黄渊基（2017）在民间助学慈善组织的研究中发现，该组织在扶贫过程中充分利用组织社会资本中的弱关系，这就拓展了社会资源的来源，有效解决了扶贫项目面临的资源不足、信任危机等问题。从社会网络的中心度来看，社会组织的组织间合作特征越丰富，社会组织的结构洞位置就越多，社会组织获得异质性资源的来源渠道就越密集，获取的资源就越丰富。处于结构洞的组织有利于获得社会网络内的隐性知识（姜鑫，2012）。

三、跨部门合作提升社会组织参与社会治理的组织能力

社会组织在社会治理体系中的功能发挥与效果达成是建立在社会组织能力发挥与功能实现基础上的。社会组织的组织能力，即社会组织利用资源，制定并有效实施组织远景、战略、使命和目标，为社会提供非营利性质的产品和服务，形成组织与环境的良性互动，获得竞争优势，确保组织可持续发展过程中体现出来的潜能和素质（李青霞，2014）。社会组织的组织能力结构有不同的划分方法。从组织管理过程来看，可以将其划分为管理能力、资源整合能力和项目开发能力（李嫣然，2018）；从组织生命历程的角度看，可分为专业能力、筹资能力和治理能力（赵晓芳，2017）。理论和实证研究表明，并非所有的社会组织都同时具备上述组织能力，但上述能力的获得确实有助于社会组织参与社会治理的有效性（邓国胜，2010）。

社会组织的组织能力不足是导致社会组织在层出不穷的社会治理问题方面出现志愿失灵的主要原因，而跨部门合作方式能够提高社会组织参与社会治理的组织能力。社会组织参与社会治理中面临组织能力不足的困境，例如社会组织管理能力不足使得社会组织无法高效开展组织管理，这主要表现为社会组织财务效率低下、运营技术落后、治理结构不完善等；

社会组织资源整合能力不足使得社会组织无法最大限度地利用已有资源，这主要表现为社会组织人员的非专业性，导致资源利用的低效率以及结果的低成效。而社会组织建立跨部门合作能够在与其他组织交流过程中学习到诸如项目开展形式、人员管理方式、组织运营技术等知识，从而更好发挥自身专业特长，提高社会组织的组织能力，提升社会组织参与社会治理效能。李健和陈淑娟（2017）在研究社会组织与企业的合作模型中发现，社会组织通过学习企业知识、与企业一起参与社会事务、战略联盟等方式推动公益项目更有效率地运转。

第三节　跨部门合作提升社会组织参与社会治理效能机制

基于制度主义理论、资源依赖理论、社会网络理论，本节分析了跨部门合作提升社会组织参与社会治理效能的三种具体机制：合法性机制、市场撬动机制、网络机制。其中，合法性机制是指社会组织与政府跨部门合作能够提高社会组织的合法性，增加政府对社会组织的支持与项目服务对象对社会组织的认可，推动社会组织有效参与社会治理；市场撬动机制是指社会组织与企业的跨部门合作能够丰富社会组织的资金来源渠道，提高社会组织的运营技术，增强社会组织对市场资源的撬动能力，从而增加社会组织参与社会治理项目的公益性；网络机制是指社会组织与企业、政府的跨部门合作可以丰富社会组织的无形资源与有形资源，促进公益项目更好地落地，保障项目的可持续性。

一、社会组织与政府跨部门合作的合法性机制

制度主义理论强调合法性的重要性。合法性是指在特定的信念、规范和价值观等社会化建构的系统内部,对行动是否合乎期望的一般认识和假定(Suchman,1995)。组织获得合法性意义一方面在于应对外部制度环境的压力,另一方面在于提高外界社会环境对组织的认知和评价。因此,组织的首要目标应该是使自己看起来合乎常理并有意义,且可以从其所处的社会环境中获得合法性用于追求组织目标。

在组织合法性研究方面,不同学者对组织合法性众说不一。Singh 等(1986)根据合法性来源将合法性分为内部合法性和外部合法性。有学者将合法性分为规制合法性、规范合法性和认知合法性(Scott,2003)。也有学者则把合法性分为市场合法性、投资合法性、关系合法性、社会合法性和联盟合法性(Dacin et. al.,2007)。由于合法性来自人们对事物或行动是否符合规范和期望的一种认知,将合法性分为规制合法性、规范合法性和认知合法性比较合理,并且被普遍采用(曾楚宏等,2008)。规制合法性来源于政府、专业机构、行业协会等相关部门所制定的法律和规则等的约束,因为这些规制系统拥有对所辖组织的制裁权,组织缺少规制合法性在很大程度上会受到法律或规则制裁(Scott,2003)。组织可以通过遵纪守法、遵守规章制度和积极获得各种专业认证来使自己具备规制合法性(Suchman,1995)。规范合法性来源于社会价值观和道德规范,对组织规范合法性的判断是根据组织行为是否有利于增进社会福利,是否符合广为接受的社会价值观和道德规范来进行的(Scott,2003)。组织的规范合法性必须由社会公众根据共同的价值观和道德规范来感知组织的行为是正确的。认知合法性来源于有关特定事物或活动的知识的扩散。若某一产品或服务得到公众广泛接受,则表示其获得了认知合法性。组织是否具

备认知合法性,可以通过评估组织在社会公众当中的知名度来判断:如果组织是公众耳熟能详的,那么就具备了认知合法性(Aldrich & Fiol,1994)。

在研究社会组织生存与发展的过程中,学者们发现组织合法性有助于吸引社会组织资源和利益相关者的持续支持,对社会组织的生存和发展至关重要。熊会兵等(2010)研究发现,企业获得组织合法性有助于其获得国有银行贷款,企业实施政治战略提高合法性往往能够得到政府较好的支持和有效的保护。对此,许鹿等(2016)认为,地方政府对于社会组织的治理逻辑与其对企业等经济组织的治理逻辑具有相似性,合法性逻辑在政社关系领域依然存在,并且认为合法性高的社会组织具有竞争优势,更易获得地方政府支持。同时,组织合法性能够将制度环境与组织主观能动性有效契合,弥合社会组织研究领域"结构性"视角与"能动性"视角的对立现状(王诗宗、宋程成,2013)。因此,通过组织合法性视角可以探究社会组织与政府跨部门合作的合法性机制。

社会组织与政府跨部门合作能够提高社会组织的规范合法性与认知合法性,增加社会组织项目服务对象对社会组织的认可,推动社会组织公益项目落地。社会组织与政府合作能够向社会传递遵纪守法、正当经营的信号,增加项目服务对象对社会组织的认可度,提高社会组织的规范合法性与认知合法性,从而更有利于社会组织公益项目的落地。如由于涉及新的生产流程、种植与养殖品种,四川省生态农业发展促进会在推进四川省美姑县马红村扶贫救助社会服务试点项目初期遭到了当地农民的认可度危机,该项目的目标是要发展种养循环生态农业,涉及西门塔尔杂交牛养殖、神州茅牧草种植。然而,当地农民都没有种过这些产品。该组织一开始去推广项目时,大家都怀疑项目能不能带来经济收入,不认同该组织,都不愿意种。后来,四川省生态农业发展促进会与美姑县委统战部建立组织间合作,邀请统战部工作人员一同去当地开展宣传动员大会。当地农民看见县委统战部领导前来，就觉得该组织是一个正规的组织，开始慢慢认可该组织，尝试种植神州茅牧草。由此，四川省生态农业发展促进会通过与党委统战部合作成功化解危机，推动公益项目落地。社会组织与政府跨部门合作的合法性机制也体现在四川省光华社会工作服务中心的四川大凉山项目中。该中心在推进项目初期遭遇了当地村民的驱赶，工作人员尚未找到村委会说明来意，就被当地村民当成骗子赶出了村。后来，四川省光华社会工作服务中心与当地政府建立合作，利用县政府的政治背书，联系当地村委，增加组织认可度，才顺利进入村子，从而成功推动公益项目落地。

二、社会组织与企业跨部门合作的市场撬动机制

资源依赖理论认为，没有一个组织能完全实现组织生存发展所需资源的自给自足，出于对资源的需要，组织必须介入与其他组织共同组成的环境之中。在社会组织与企业的跨部门合作中，社会组织与企业合作有利于社会组织资源获取渠道多元化，提高社会组织"自主性"（吴磊、谢璨夷，2019）。有研究指出，企业掌握了资金、运营技术等其他市场资源，社会组织与企业建立组织间合作可促进组织间资金、技术与信息的共享，从而提高公益项目成功的可能（Omar et al, 2014）。同时，社会组织的"志愿失灵"源于组织内部专业管理人才的缺乏和志愿者的非专业性。社会组织与企业建立组织间合作不仅可以调用企业的优秀人才，丰富社会组织公益项目人力资源，还可以向企业学习最新的运营技术与有效的组织管理方法（蔡宁、田雪莹，2006；李健、陈淑娟，2017），从而较好地完成组织项目目标。

社会组织与企业合作的市场撬动机制能够丰富社会组织的资金来源渠道，提高社会组织的运营技术，增强社会组织对市场资源的撬动能力。社会组织与企业合作的市场撬动机制很好地体现在北京市安利公益基金

会与安利公司的合作中。在资金来源渠道方面,安利公司每年会把 1‰ 的销售额捐赠给安利公益基金会。基金会可以将这一稳定的资金捐赠聚焦于一些基础性、耗时久、难以筹资,但社会效益显著的项目。该基金会一直致力于儿童营养与发展相关基础研究,这些基础研究很难筹集资金,但是基金会通过与企业合作,利用企业长期稳定的资金捐赠,保证基础研究的顺利进行,这对未来人口和劳动力素质提升都具有重要意义。在组织运作模式中,北京市安利公益基金会借鉴了安利公司的管理经验和方法,将安利企业的整套管理模式整合于基金会的管理中。利用企业的专业化管理模式,安利公益基金会从设立之初就知道自己的品牌该如何去建设,每一年的 KPI 是什么,每三年的阶段性目标是什么。而且在设立公益项目时,基金会就明确项目是为谁而服务,最终是用什么去评估公益项目成功与否。

三、社会组织与政府、企业跨部门合作的网络机制

社会网络理论认为,群体中的行为人既能够从行为人与行为人之间联系所形成的关系网络中获取诸如信息、机会、信任等无形资源,也能够获得诸如资金、人员等有形资源,其中行为人包括组织、集体、个人等(Granovetter,1973)。从社会网络理论出发,社会组织与政府、企业跨部门合作行为帮助社会组织建立了社会网络,这为社会组织与政府、企业之间提供了资源的流通渠道,从而提高社会组织资源获得的可能性。随着合作双方彼此了解及紧密合作,组织之间的资源传递与核心能力的置换得以实现(Austin,2000)。网络是行为主体在主动或被动地参与活动过程中,借助资源的流动,形成了一些彼此之间正式或非正式的关系总和(Hakansson,1989)。从这一意义上讲,社会组织与政府、企业跨部门合作网络就是相互独立的社会组织、政府与企业在协同交互作用中基于各种跨

部门合作关系类型而相互关联,共同构成一种具有指向性的、稳定的合作联结系统,在合作中能产生"1+1+1>3"的网络合作效应。

哈堪森(Hakansson)和斯涅何塔(Snehota)提出的网络模型包括三个基本要素:行为主体、活动和资源。其中,行为主体不仅可以是个人,也可以是社会组织、政府、企业中介组织及教育和培训等组织,网络中的活动则主要包括网络主体间的交往活动,而资源则是行为主体借以实施活动的载体,包括了跨部门合作相关的无形资源与有效资源。在跨部门合作网络中,社会组织、企业与政府会建立正式或非正式的交流合作,在频繁的接触与交流中,有利于经验类知识、管理能力等无形资源的传递,也有利于资金、人力资源等有形资源的获取。由于每个组织具有不同的竞争能力或是其他特有的资源,跨部门合作能够为社会组织通过运用各方组织的专有能力与特有资源产生更大的合作收益,创造更大的价值。

随着我国工业化和城镇化程度的加快推进,我国城市公共资源和公共服务等配套设施与城镇化的速度脱节,"城市病"等社会治理问题也越来越严重,这影响了城市居民的幸福感与归属感,以至于社会频频出现"逃离城市"的声音。城市社区人际关系冷漠、居民参与度低、社区社会资本稀薄,社区治理难度大。这些发生在当下我国城市社区的变化对社会治理提出了更高要求。原有行政主导、单一主体的社区管理模式不再适应新时期城市社区居民的功能需求,建立社会组织、政府、企业三者合作的社会治理方式,充分发挥跨部门合作的网络机制,在社区治理中具有突出优势。

社会组织与企业、政府的跨部门合作可以丰富社会组织的无形资源与有形资源,促进社会治理项目更好落地,保障项目可持续性。传统的科技志愿服务以专家调研、走访、座谈等短期服务形式为主,能够留下的资源和遗产不多,科技小院、博士服务站等长期科技服务主要对象是单一企业。由于缺少稳定经费支持,科技社团协同政府助力区域整体行业发展较难实现。为使科技社团留得下来、扎得了根,杭州市余杭区百丈镇党委会决定将民政条线的镇级社会组织服务中心委托给"绿色浙江"运营,提供一幢2层楼总面积600平分米的场地并装修交付作为主阵地,后以购买服务形式提供每年20万元左右固定运营经费和各条线"一事一议"的项目经费。同时,"绿色浙江"对接阿里巴巴公益基金会,和镇党委政府召集的各条线干部展开多轮讨论,依据"人人3小时"公益平台应用场景,围绕引领社会风尚、提升科学素养、助力低碳事业、服务一老一小、集聚乡村人气、提升乡风文明六块内容,梳理出科技志愿服务常规化需求38项,确定服务内容和公益时数、项目化需求25项,组织"人人3小时"公益文化节发布。针对建设全省首批低碳试点镇村,"绿色浙江"与浙江省科协资源环境学会联合体功能型党总支、浙江省电力学会、浙江省青少年科技教育协会等6家科技社团合作分别助力低碳能源、低碳科普等6项需求。同时,绿色浙江与支付宝、老爸评测、万事利集团等科技企业,以及余杭区百丈镇,共同承接科技志愿服务,确保各类低碳服务项目落地执行。

案 例

社会组织跨部门合作参与水源地保护

——以杭州余杭区青山村水源地保护项目为例

青山村是浙江省杭州市余杭区黄湖镇下辖的一个行政村,东、西、北部三面环山,有着悠久的历史和淳朴的民风,依托竹、木、茶、果等农产品种植产业发展经济。全村总面积 15.6 平方公里,其中耕地 2390 亩,毛竹林地 8689 亩,灌木林地 19128 亩,森林覆盖率达 79.9%。其间筑有中型水库三座,其中龙坞水库区是杭州地区水源地之一,总库容为 37.74 万立方米,灌溉下游农田 1200 余亩,为周边 4000 余人提供生活饮用水。

2014 年以前,青山村只是一个不起眼的小村子,没有像样的产业,留不住人才。为了追求更高的经济利益,村民在龙坞水库周边的竹林中大量使用化肥和除草剂以增加毛竹和竹笋的产量,造成了龙坞水库的面源污染。

2015 年,大自然保护协会与阿里巴巴公益基金会、万向信托在青山村联合发起善水基金信托,建立了青山村水源地保护项目,用了三年时间将龙坞水库水质提升到Ⅰ类水质。不仅如此,项目还推动了一个个公益项目、文旅项目、体育活动在青山村落地,吸引了一大批国内外顶尖的设计师、环保主义者和创业人士来此工作生活和学习交流。2016 年,龙坞水源地正式成为阿里巴巴公益基金会公众自然教育基地;2018 年,设计师张雷将融设计图书馆带到青山村;2019 年,青山自然学校开学,全市首个村级新的社会阶层人士联谊会"青山同心荟"成立,建立了新老村民协商议事机制;同年,青山村被定义为杭州市"未来乡村实验区",为未来乡村建设打造样板。

青山村水源地保护项目从 2014 年至今,已经从根源上消除了水源地面源污染。青山村村民逐渐改变了原有的生产生活方式,建立起可持续的产业形态，实现了社会治理项目生态效益、公益效益和社会效益的共赢。而这背后，社会组织、政府与企业的跨部门合作发挥了重大作用。

(一)青山村水源地保护项目的跨部门合作动因

1.合作主体背景

青山村水源地保护项目是社会组织、政府与企业多方参与的跨部门合作社会治理项目。参与项目的社会组织有大自然保护协会、青山同心荟，政府主体主要是杭州市临平区黄湖镇人民政府及上级政府，企业有水酷、万向信托、印力集团等。表5.1简要介绍了起到主要作用的社会组织、政府和部分企业的背景情况。

表 5.1　主要社会组织、政府、部分企业背景

类别	主体名称	背景
社会组织	大自然保护协会	大自然保护协会（TNC，The Nature Conservancy）成立于1951年，是国际上最大的非营利性的自然环境保护组织之一，致力于在全球保护具有重要生态价值的陆地和水域，维护自然环境、提升人类福祉。大自然保护协会奉行"非对抗原则"，在坚持进行科学保护的同时，与所有利益相关方积极合作，共同面对所面临的问题和挑战
	阿里巴巴公益基金会	阿里巴巴公益基金会（Alibaba Foundation）是一家成立于2011年的全国性非公募基金会。基金会以营造公益氛围，发展公益事业，促进人与社会、人与自然的可持续发展为宗旨，资助重点包括水环境保护、环境保护宣传以及支持环保类公益组织的发展
	青山村同心荟	青山村同心荟成立于2019年，是杭州首个以村为基础的新的社会阶层人士联谊会分会，旨在与当地政府建立良好的信息沟通和决策协商机制，保持对村内重大事项的积极参与，并利用自身资源影响促进当地的可持续发展
政府	黄湖镇人民政府	2018年起，黄湖镇本着共建共享的理念，着力攻坚美丽城镇建设、小城镇环境综合治理两项重点专项，希望打造名副其实的山区中心镇

续　表

类别	主体名称	背景
企业	水酷	水酷主要业务包括生态农产品、手工艺品、自然教育、生态体验等
	万向信托	万向信托有限公司是一家经中国银监会批准设立的金融机构，是全国68家信托公司之一，2018年信托公司行业评级获评A级，2020年人民银行金融机构综合评价获评A级

2. 合作主体目的

大自然保护协会看准了青山村的生态潜力，作为一个有着雄厚专业实力的环境保护组织，大自然保护协会希望开辟适合的环境保护项目，为当地寻找有效解决方法，在满足生存发展需求和保护淡水资源之间找到平衡，以实现自身社会效益，承担社会责任。对于黄湖镇政府来说，找到一条治理水源地污染的途径是区域生态建设的重要任务，可以提高政府治理效能、提高当地居民幸福指数。而对于企业来说，万向信托期待获得稳定的基金池，而与政府合作可以增强企业合法性，以实现自身经济效益最大化。基于以上动因，各主体自2014年围绕青山村水源地保护项目展开合作，建立了良好的合作关系和合作机制，形成了稳定的治理网络。

（二）跨部门合作过程

1. 社会组织发挥专业优势，充分整合各方资源，将"绿水青山"变为"金山银山"

大自然保护协会具有雄厚的专业实力，拥有专业的技术团队和悠久的公益项目实施经验。2014年，大自然保护协会为青山村水源地保护项目引进"水基金信托"的模式，并形成了以大自然保护协会为中心的多元主体共治局面，通过建立信托基金，集中管理水源地，以生态力量撬动3亿元社会建设资金，形成了以社会组织联盟为主导，多方共同参与的乡村振兴新格局,共保"绿水青山"、共享"金山银山"。

2. 各级政府为项目提供了良好的政策环境和资金支持

青山村水源地保护项目建立初期,当地村民对于大自然保护协会这个外来的社会组织并不认同,项目的推进遇到了一定的阻力。而村委会在认可项目"科学生态保护水源地,带动绿色产业发展"理念的基础上,鼓励村民参与善水基金信托,凝聚社会信任资本,保证项目前期平稳运行。村委会还为人才提供了优惠政策支持和优质服务。相较于 10 万元的市场价,青山自然学校和融设计图书馆每年只需交纳 1.5 万元的租金便可长期租用,还可以使用村里提供的配套用房。

青山村的发展吸引了大批设计师、创业人才、知识分子、公益人士常驻青山村,为了更好地发挥民主协商的作用,余杭区委统战部和黄湖镇政府支持成立了新的社会组织"青山同心荟",让外来人口也拥有了参与青山村未来发展决策的途径。黄湖镇政府还积极与优秀企业建立合作关系,2020年"未来乡村实验区"启动大会上,黄湖镇政府与全国自然教育网络、滴水公益等社会组织达成合作,共同助力青山村未来乡村建设。

上级政府通过出台相关政策和指导意见,并提供资金支持,支持社会组织发展。2005 年党和政府提出"绿水青山就是金山银山"的发展理念;2013 年底,浙江省出台五水共治政策;2015 年,杭州市政府出台了《关于进一步激发社会组织活力推进我市社会治理创新的若干意见》,大力支持社会组织发展,实施社会组织扶持发展专项计划,为环保组织开展实践做了良好的铺垫。2019 年,青山村正式被杭州市定位为"未来乡村实验区",余杭区政府将投入超过 1.5 亿元资金创建未来乡村。2021 年,余杭环境(水务)集团与黄湖镇人民政府与善水基金正式签订合作协议,共同出资保护水资源,帮助龙坞模式"提质扩面",形成了"水源保护共治和多元化的资金"模式。

3. 企业为项目提供资金支持,引入商业化的管理模式

万向信托作为一家金融公司,与大自然保护协会和阿里巴巴公益基

会共同成立全国首个水基金信托——万向信托—善水基金 1 号,为江浙地区乃至全国范围内的小水源地保护事业探索和提供了一套以科学为基础、以金融工具为手段的创新运作模式;农户将林地经营权以财产权信托的形式委托给善水基金集中管理,每年可以从善水基金获得不少于往年毛竹经营收益的补偿金。

2015 年,"善水基金"出资成立了名为"水酷"的企业,开展农产品经销、自然教育、公益体验等多种项目。水酷设计开展一系列公益体验活动,如竹林除害行动、村落"无垃圾"行动、村落"0 污染"行动等,将公益事业与环保事业相结合,并将经营收益的 15% 捐给善水基金,成为善水基金的委托人。此外,水酷还抓住自然教育缺失这一痛点,将当地的废弃小学改造为阿里巴巴公众自然教育基地——青山自然学校,为孩子们提供自然教育和体验场所。

(三)跨部门合作成果

社会组织通过与政府、企业的跨部门合作,提高了社会组织合法性与组织能力,拓展了社会组织资源,极大地增加了青山村水源地保护项目的生态效益、公益效益和社会效益,提高了社会组织参与社会治理效能。

生态效益:青山村水源地保护项目消除了当地严重的面源污染,提升了水质。在善水基金建立之后,大自然保护协会停止了一切化学药品的使用,包括农药、化肥等,保护组对之前破坏的地表植被进行了修复。从 2014 年到 2017 年,短短三年时间龙坞水源地的水质从国家Ⅳ四类水质提升为国家Ⅰ类水质,满足了饮用水源要求。

公益效益:青山村水源地保护项目提高了当地村民和社会公众的生态保护意识。社会组织大自然保护协会的参与保证了善水基金的公益性,改变了村民对于生态保护的固有认知,村民认识到水基金模式在获得经济收入的同时还可以改善村子环境;社会公众也可以通过参加丰富多彩的自然保护体验和教育活动零距离接触大自然,提升生态保护意识。

　　社会效益:青山村水源地保护项目不仅创造了大量的就业岗位,提高了人均收入,丰富了当地居民的娱乐文化活动。青山村水源地保护项目依托自然保护环境教育、文创传统手工艺、生态旅游度假三项产业,为村民共创造 500 余个就业岗位。水酷企业经营收益的 15％捐给善水基金,实现青山村乡村振兴自我造血,保证项目的可持续性。同时,村民将水库周边2000 多亩林地统一委托给善水基金管理,不直接参与林地的种植养殖,每年收取租金,年收益提高了 20％。设计师、公益人士等新村民常驻青山村,与村民签订了 10 年、20 年的租期,也给村民带来了一笔不小的收入。2019 年,青山村集体收入达到了 66.84 万元,较 2018 年增长了 50.25％。融设计图书馆免费对村里孩子开放,为孩子们提供了学习场所。青山村村民也可以加入青山自然学校的志愿者队伍,接待访客、组织活动、担任讲解员,丰富多彩的自然保护项目丰富了村民的文化生活和精神世界。

　　社会组织与政府、企业的跨部门合作有利于突破行政机制与市场机制的不足,充分发挥社会机制与社会资本效用。跨部门合作可以整合各部门资源,解决混合型服务供给的不足问题,打破主体间边界,达到"1＋1＋1＞3"的效果。青山村水源地保护项目以生态建设为抓手,发展绿色产业,形成了一个以社会组织为中心的政府、企业、社会组织跨部门合作网络,形成了多主体参与的"众创共治"格局,给未来乡村建设提供了样板。

案例分析题:

　　1.在案例中,社会组织、政府与企业如何进行跨部门合作?

　　2.在案例中,跨部门合作是如何提高大自然保护协会青山村水源地保护项目的社会治理效能?

　　3.请结合实践经验,谈谈跨部门合作进一步提升社会组织参与社会治理效能的路径有哪些。

第六章　数字赋能社会组织参与社会治理

　　伴随着经济社会转型,大数据、区块链、人工智能等数字与智能技术也获得了快速发展。社会大发展与数字时代的重叠,不仅向传统社会治理提出了巨大挑战,更为我国社会治理创新提供了新机会。党的十九届五中全会审议通过的《中共中央关于制定国民经济和社会发展第十四个五年规划和二〇三五年远景目标的建议》提出,"加强数字社会、数字政府建设,提升公共服务、社会治理等数字化智能化水平"。2022 年 6 月,《国务院关于加强数字政府建设的指导意见》指出,"积极推动数字化治理模式创新,提升社会管理能力","推动社会治理模式从单向管理转向双向互动、从线下转向线上线下融合,着力提升矛盾纠纷化解、社会治安防控、公共安全保障、基层社会治理等领域数字化治理能力"。[①] 社会治理数字化、智能化已然成为社会治理创新的重要理念。社会组织作为社会治理创新的重要主体,也必然参与到社会治理数字化的进程中来,走向数字化和智能化(郁建兴,2021;孟天广,2021)。

　　本章从社会组织参与社会治理创新视角出发,探讨数字如何赋能社会组织参与社会治理。首先,从数字赋能的内涵出发,本章探讨数字如何赋能社会组织在政策倡导、公共危机治理、公益慈善等领域参与社会治理。

---

　　① 参见《国务院关于加强数字政府建设的指导意见》(国发〔2022〕14 号)。

其次，从平台机制、动员机制、创新机制三个维度解析了数字赋能社会组织参与社会治理的体制机制。最后，针对数字赋能社会组织参与社会治理整体水平较低且不平衡、数字赋能社会组织参与社会治理的外部支撑体系不健全这两大挑战，本章提出未来需要增强社会组织自身数字化能力建设，构建政府、企业等多元治理主体共同参与的支持体系，进一步助推数字赋能社会组织参与社会治理的深度和广度。

第一节　数字赋能社会组织参与社会治理的理论基础

一、数字赋能的概念

"Empowerment"一词的原本含义为赋能、授权、赋权。最早由坎特在分析企业中员工缺乏权能感的行为时提出，意指对员工充分地放权信任（Kanter，1979）。20世纪80年代以后，赋能概念逐渐走入社会学、心理学、管理学等多学科的研究视野。早期关于赋能的研究主要集中在个体层面，赋能更多地指"赋予能力"或"提升某人的自我效能"，强调通过言语行为、态度以及所处环境的变化给予他人正面能量。随后，赋能的相关研究上升到组织层面上，更强调行动的授权，组织成员可以通过与他人一起参与组织活动来更好地发挥组织和个人的能力和创造力，以获取资源、实现目标。在不同的情境里，权力的授予方和授予对象表现出不同的形式。权力的授予方可以是法律、制度或者上级部门，授予的对象可能是个人、群体或组织等。

20世纪80年代以来，以移动互联网、大数据等为代表的信息技术革命推动了全球百年未有之大变局，新兴科技的快速迭代和渗透，引起了信息化和数字化浪潮，一个前所未有的大变革时代已然来临。本书中的"数字赋能"特指当前以数据为要素，以移动互联网、云计算、物联网、区块链等为代表的新兴信息通信技术为载体，增强对象获取新权力、新资源的能力。因此，本书中的数字赋能主要包含以下两个层面的含义：一是数据赋能，二是技术赋能。

（一）数据赋能

以 Leong 为代表的学者提出了赋能的三个维度，分别为结构维度、心理维度和资源维度（Leong，2015）。在互联网发达的大数据时代，资源赋能被认为可以弥补结构赋能和心理赋能的不足，且资源赋能的核心逐渐体现在数据赋能上。资源赋能是一个多维且复杂的概念，资源赋能的本质是提升资源获取与资源有效配置的能力。在特定的环境中，高权力者总是掌握着资源的真正所有权与控制权，由此可以影响决策甚至拥有决策的优先权（Hardy et al.，1998；周文辉等，2018）。在数字化时代，治理对象从物理世界渗透到虚拟世界，"数据""信息"等本身成为重要的治理对象和新的生产要素（孟天广，2021）。也就是说，在数字化时代，谁掌握了更多的数据，谁就拥有更多的资源，也就拥有了决策的优先地位，数据成为直接获得决策科学性和治理效率的工具（Chadefaux，2014）。

（二）技术赋能

技术赋能可以理解为一种特殊的赋能形式，即通过技术来赋予个人或组织以权力或能力。在人类政治文明发生重大转型的进程中，均出现了大规模的技术赋能现象，对个人、组织和社会的发展都发挥着举足轻重的驱动作用。本书中的技术赋能特指第三次工业革命以后，以移动互联网、云计算、大数据、物联网、区块链等为代表的新兴信息通信技术得以快速发展，增强了个体或组织的信息汲取、交流和使用等能力（孟天广，2021）。具体而言,在信息供给维度,通过技术赋能提升了政府、社会组织、个体等信息供给的总量。随着政府信息公开力度的加大,海量官方信息正在从沉睡状态被激活、调动起来;企业与社会组织、公民个体在信息平台上正成为新的信息供给和消费者;在信息交互维度,技术使信息交流具有去中心化、便捷、实时和共享等特性,促进了信息传递由单向传递的"金字塔"型机制向去中心化的"网络"型机制转变(郁建兴等,2019);在信息应用维度,大数据与人工智能等技术正在为不同的社会治理场景提供更多的创新性应用、服务或者解决方案(关婷等,2019)。因此,信息时代的技术赋能实质是通过信息供给、信息交互与信息应用的革新,提升赋能对象的信息获取、交流和使用能力。

二、数字赋能社会组织

以移动互联网为代表的信息通信技术具有参与性、互动性、开放性、透明性、便捷性等特征,为社会组织提供了对话沟通、在线筹款的新方法和新途径(Campbell et al. ,2014)。

(一)对话沟通

Web 1.0 技术使社会组织能够通过组织网站和电子邮件共享组织信息,提高社会组织对其利益相关者的响应能力(Nah,2009;Saxton et al. ,2007)。Web 2.0 技术带来了交互式元素,例如可以将公告板系统(B)BS或评论、答复等功能添加到社会组织的传统网站中。这些功能极大地促进了社会组织与利益相关者的双向信息交流。近年来,Facebook、Twitter、YouTube、微博等社交媒体快速发展,提供了低成本且易于使用的交互式平台,许多社会组织通过这样一种媒介寻求与公众互动(Saffer et al. ,2013),发展与相关利益相关者的关系(Briones et al. ,2011;Farrow &

Yuan,2011),并与捐助者和支持者互动(Bortree & Seltzer,2009)。但已有研究表明,资源基础更强、组织能力更强的社会组织更倾向于经常与利益相关者(媒体、其他组织、志愿者和社区成员等)进行双向交流(Greenberg & MacAulay,2009)。比如,社会组织可以通过回复特定关注者的推文、在推文中提及某些利益相关者或转发利益相关者的推文来直接吸引特定关注者,但只有少数社会组织能够在社交媒体上与公众维持较为密切的联系并进行互动(Lovejoy et al.,2012;Svensson et al.,2015)。

(二)在线筹款

数字时代带来了低成本高效益的在线筹款技术工具(如电子邮件、网页、社交媒体网站、互联网募捐平台等),这使社会组织能够高效地接触并吸引数量更多、更多样化的受众(Ingenhoff & Koelling,2010;Kang & Norton,2004)。这个新的潜在捐赠者群体包括一些社会组织从未接触过的人:他们可能来自不同的年龄组,来自不同的地点,有不同的文化,不同的经济水平,并且喜欢不同的沟通方式,有着不同的捐赠需求。这个群体在初期可能看起来并不大,但在数字技术对社会组织进行赋能的情况下,它会变得越来越庞大。一方面是因为数字技术能帮助这些社会组织接触到越来越多的人,另一方面是因为千禧一代逐渐成长为新的捐赠者(Meadows-Klue,2008)。

同时,随着数字技术发展,越来越多社会组织开始探索利用视频、VR或者区块链等技术进行在线筹款。VR 技术能够使社会组织与遥远的受益人进行互动,提供身临其境的体验,并与在线筹款趋势实现同步。2015年5月,联合国儿童基金会韩国分会在联合国儿童基金会成员国中第一个使用 VR 技术为叙利亚难民筹集资金。VR 使人们即使无法访问难民营,也能够感同身受地近距离感知难民的痛苦,从而心生同情之感。研究结果显示,向联合国儿童基金会韩国分会捐款的观众中,经历过 VR 活动的观众比没有参加的多 80％。VR 产生的媒体效果(生动性、交互性和社交性)使得用 VR 进行筹款比使用平板电脑筹款能产生更高的捐赠意向和捐赠效果(Yoo & Drumwright,2018)。还有社会组织利用区块链技术去中心化、不可篡改等特性,提高公益项目的公开透明度,帮助"听障儿童重获新声""和再障说分手"等公益项目实现在线筹款(李奕、胡丹青,2017)。

三、数字赋能社会组织参与社会治理的主要领域

当前,数字赋能社会组织在政策倡导、公共危机治理、公益慈善等多个领域积极参与社会治理。

(一)政策倡导

政策倡导是社会组织参与社会治理的重要方式。由于论坛、社交媒体等互联网平台能为社会组织、媒体和公众等多元主体提供一个可分散互动、交流的平台,而且信息可以同时被各方传递和接收,各种社交媒体(如Twitter、Facebook、Instagram 等)越来越多地被社会组织利用进行宣传倡导(Lovejoy & Saxton,2012;Nah & Saxton,2013)。以行业协会商会为例,社交媒体等互联网平台形成的网络公共领域可以拓展地方性行业协会商会代表会员利益进行政策倡导的空间。我国行业协会商会传统的政策倡导方式主要在体制内部进行,包括向各级人大、政协递交提案,向各级党委政府提出政策建议,接受政府委托参与政策调研和起草,通过听证会、座谈会等方式传递政策主张等(周俊,2009)。但这种政策倡导行为存在一定的局限性:国家为行业组织政策参与所开放的空间大小取决于政府的政策目标与行业组织所代表的会员利益之间的契合程度(江华等,2011);中央政府能够给行业协会商会更多的政策参与空间,而地方政府更倾向于和大型龙头企业直接沟通,较少主动向行业协会商会提供制度化的政策机会

(纪莺莺,2016);地方各级行业协会商会对政策的实际影响力存在逐级递减的现象(纪莺莺,2015)。这意味着地方性行业协会商会通过传统途径进行政策倡导的空间是十分有限的,尤其当其政策倡导内容与政府部门"利益契合"程度较低的时候。

网络公共领域所具有的互联网特性,有助于解决行业协会商会进行政策倡导的上述障碍:互联网技术不仅降低了行业协会商会在网络公共领域发布信息的技术和成本门槛,而且提高了信息传播的范围与速度;互联网的技术结构所具有的消解等级制和权力去中心化特性(Mansell,2016),使得行业协会商会能在网络公共领域相对自由地提出政策倡导议题,而较少受到身份和议题内容的限制。通过网络公共领域,即使是地方行业协会商会也能开展诸如呼吁政府保护企业产权、公正廉洁、依法行政等可能会被视为"挑战政府"的政策倡导(宋晓清、沈永东,2017)。

(二)公共危机治理

数字技术的发展极大地提高了社会组织参与应对公共危机的能力和水平。尤其在新冠肺炎疫情期间,数字技术赋能社会组织更快地动员社会资源、更高效地配置资源、更有效地建立合作网络,积极应对公共危机(薛小荣,2020;杜晶晶等,2020)。在疫情防控期间,浙江省慈善联合总会第一时间在网络上发起"爱心驰援、共抗疫情"项目,召集各类组织,做好授权、分工和协作。相关政府部门、公益慈善组织和志愿者共同建立筹款小组、全球购小组、翻译小组、医疗器械鉴别组、国际物流小组、通关小组、国内物流小组、仓储管理小组、物资需求信息小组等9个快速响应的跨部门专项小组,以微信群为交流平台,发挥跨部门合作的优势与联动效应,实现善款与疫情防控物资透明、快速、有效地筹集、运送与分配。2020年1月25日,该项目在腾讯公益平台上线募款,24小时内筹集到1000万元善款;1月27日,首批10万个N99口罩送到武汉,供给疫区一线的医护人员、高危社工和救援队。[①]

（三）公益慈善

"互联网＋公益"依托移动互联网、云计算、大数据等信息网络技术的渗透和扩散，以信息的互联互通和信息能源的开发利用为核心，促进了信息网络技术与公益事业的深度融合。[②] 在扶贫助困领域，社会组织依托"互联网＋平台建设"实现贫困信息整合和精准管理；利用"互联网＋传播"扩大社会影响力，集聚社会公益资源，通过公益扶贫项目决策的科学化和资源配置的合理化，实现精准扶贫（徐顽强、李敏，2019）。在志愿服务领域，为了激发社会活力，鼓励更多公众参与志愿活动，提供志愿服务，越来越多的社会组织通过数字化志愿者管理平台，精准记录志愿服务时间、匹配社会需求与志愿服务供给，高效地组织志愿者积极参与社会治理。

第二节　数字赋能社会组织参与社会治理的机制

党的十九届五中全会与国家"十四五"规划提出要加强数字社会建设，提升公共服务、社会治理等数字化智能化水平，促进公共服务和社会运行方式创新。从实践探索来看，一方面，全国各省市涌现了一系列智慧化社会治理平台，陆续将社会组织纳入智慧化社会治理进程中来，并动员社会力量参与社会治理。另一方面，社会组织自身在数字赋能下不断探索解决社会问题的新方式、新场景，促进社会治理创新。基于此，本节将从平台机

---

① 快公益.来自最前线的抗疫报告：浙江民间公益力量全记录｜抗疫善观察［EB/OL］.（2020-02-06）［2021-06-22］. https://mp. weixin. qq. com/s？ biz ＝ MzI1MjYxMzQxNg ＝ ＝ ＆mid ＝ 2247493144＆idx＝1＆sn＝df2cd99e87bf82b6b947bd88097be52e＆source＝41♯wechat_redirect.
② 北京市互联网信息办公室，首都互联网协会.互联网＋公益开启全民公益时代［M］.北京：北京日报出版社，2016：9.

制、动员机制、创新机制三个维度来分析数字如何赋能社会组织参与社会治理。

一、数字赋能社会组织参与社会治理的平台机制

随着信息通信技术的发展，全国各省市涌现了一系列智慧化社会治理平台，如上海市的"社区云"，浙江省的"微嘉园""富春智联""宁聚蓝"，重庆市的"小法精灵"，天津红桥"全科网格"智能平台，等等，"平台"（platform）模式脱颖而出，提供了一种社会组织参与社会治理的新机制。

"平台"一词最早来源于科技行业和商业领域，被视为"一种能在新型商业机会和挑战当中构建灵活的资源、惯例和结构组合的组织形态"（Ciborra，1996）。近年来，这一概念逐渐受到公共管理学者的关注（Ansell & Gash，2017）。已有研究认为平台不仅是一种数字基础设施，也是一种治理策略。目前而言，大多数文献集中在数字技术的基础上阐释平台的内涵，比较具有代表性的是詹森和雅诺维斯基等学者，他们提出平台是通过技术、用户和政策制定者的相互作用而出现和发展的社会技术系统，其在连通政府、技术开发者、公民、社会组织等社会主体上发挥着关键作用，其核心是通过平台对公民及其他社会组织行动者进行数字赋能，创造公共价值，以响应不断变化的社会需求（Janssen et al.，2009；Janowski et al.，2018）。也有学者认为平台是一种策略性地部署其体系结构以撬动、促进分布式社会行为的机构，目的是实现某些治理目标（Ansell & Gash，2018），如解决人道主义救济（Ogelsby & Burke，2012）、农业创新（Nederlof et al.，2011）、区域经济发展（Cooke，2007；Harmaakorpi，2006和可持续发展（Reid et al.，2014）等社会问题。同时，数字技术因其灵活性、开放性等特征，常常与治理平台紧密结合，形成了以信息技术为支撑的数字治理平台。两类观点的共同之处在于，都认为在数字技术的进步和应

用创新下,平台搭建更简单、平台规模更大、交易成本更低、社群反馈回路增加、公共服务供需匹配性更佳。

2018 年 8 月,国际咨询公司埃森哲发布了 2018"政府即平台"(Government as a Platform)准备度指数。报告根据平台提供公共服务的沟通渠道和生态系统的差异,将平台划分为一体化平台、同行平台、生态系统平台和众包平台等四种类型,其中除同行平台更侧重于政府部门内部的垂直沟通以外,其余三种类型的平台都强调通过利益相关方的合作来提供公共服务、实现治理目标。同时,有学者根据平台促进各种产品和服务的生产能力和创新能力两个维度,将平台分为四种类型,分别是互动平台、生产平台、开放式创新平台和共创平台(Ansell & Gash,2018)。结合社会组织参与社会治理的实践,当前社会组织主要通过互动平台、生产平台、一体化平台三种类型的数字平台参与社会治理。

第一,社会组织通过互动平台参与社会治理。互动平台旨在鼓励公共部门与利益相关者之间互动,通过交流和分享信息,进行对话和学习(Ansell & Miura,2019)。社会组织通过互动平台,获取社会治理相关信息,并对社会治理建言献策。《2020 联合国电子政务调查报告》结果显示,我国政府在政务公开、政民互动方面做了大量工作,通过政府平台和社会平台了解人民群众需求,公众积极参与公共政策征求意见,中国的电子参与指数为 0.964,全球排名第 9(王益民,2020)。各级政府平台以及微博等社会平台同样对社会组织开放,我国社会组织也可在这些平台通过咨询、投诉、举报、建议等方式实现社会治理的参与。

第二,社会组织通过生产平台参与社会治理。生产平台是指依靠信息技术的发展,以动态方式实现公共产品和服务生产的多样化和规模化。最常见的就是各种合作生产平台。在传统的公共服务模式中,国家单方面为公民提供服务。但是,人们日益认识到国家与社会共同招供公共服务的潜在价值(Bovaird ,2007;Linders, 2012)。我国的互联网募捐信息平台就是典型的合作生产平台。根据《中华人民共和国慈善法》《公开募捐平台服务管理办法》有关规定，2016 年以来民政部先后遴选指定两批共 30 家慈善组织互联网公开募捐信息平台（简称"互联网募捐信息平台"），这 30 家互联网募捐信息平台中 21 家属于在既有大型商业平台上搭载的公益慈善平台，这些商业平台不仅为公益慈善的发展提供技术支持，还提供品牌、流量支持。对于社会组织而言，通过数字赋能降低了大型公募慈善组织分享公募权的门槛，同时也激发了他们分享公募权的动力。公募慈善组织对规模效应的追求推动他们主动分享公募权，联合大量非公募社会组织撬动更多社会资金流入慈善公益领域，同时也减轻了非公募社会组织的"后顾之忧"，使其可以集中优势专注各种类型的公益项目设计、执行，更高效率地解决社会问题。在互联网募捐信息平台这样一种合作生产平台上，不同类型的社会组织、企业、政府最大程度发挥自身优势，扬长避短，实现互联网募集善款从 2017 年的 25 亿元飞速增长到 2021 年的近 100 亿元。

第三，社会组织通过一体化平台参与社会治理。一体化平台不仅提供了获取跨政府信息和服务的中心点，还统筹了政府服务公共平台和社会服务平台，打通单一主体各自封闭的"单循环"，构建社会治理"双循环"。社会组织作为社会治理的重要主体之一，也被纳入一体化平台的整体谋划布局中，充分发挥其组织、宣传能力，积极开展垃圾分类、平安巡防等各类志愿服务。以浙江省嘉兴市"微嘉园"为例，"微嘉园"鼓励社会组织以及其他自治组织通过实名申请、后台审核的方式加入线上网格群聊，组织公益活动。村里的百姓议事会、乡贤参事会、百姓服务团、法律服务团、道德评审团以及各类社会组织在"微嘉园"亮明身份后，可以在线发布公益活动。"微嘉园"平台通过"志愿者"和"社会组织"模块搭建了志愿者和社会组织间的合作空间，实现志愿服务供需有效对接，并让社会组织招募志愿者、志愿者寻找社会组织的搜索和合作成本降低。总之，社会组织通过一体化平台参与社会治理，实现多样化、专业化的公共产品和服务供给与日益增长且复杂多样的居民需求有效对接。

二、数字赋能社会组织参与社会治理的动员机制

社会组织普遍面临人、财、物等资源限制，很多甚至挣扎在生存线上，难以扩大服务规模。社会组织通过数字赋能的动员机制，突破空间和时间的限制，帮助公共部门动员未使用、分散的资源，促进资源共享或以协同方式将公共和私人资源整合在一起，促进分布式的社会行动，从而扩大服务范围、扩展服务对象、扩大服务规模、提高资源需求与资源供给匹配的效率。当前，数字技术主要通过动员资金和志愿者力量来赋能社会组织参与社会治理。

（一）动员社会资金

在我国，社会组织收入来源有限，政府主导的社会组织靠扶持、协会靠会费、民非靠服务，其他社会组织普遍陷入资金困境。对于大部分社会组织而言，筹资收入是社会组织汲取社会资源提升公共服务效率与社会治理质量、实现自身可持续发展的重要基础（沈永东、虞志红，2019）。

首先，社会组织通过数字赋能提升了社会组织的规范发展和公信力。长期以来，社会组织在提供社会服务的规范性和效率方面受到质疑，尤其是在《慈善法》对社会组织互联网筹款进行规范之前，诈捐、骗捐等事件频发。数字技术的进步一方面使得社会大众对社会组织信息公开透明提出了更高的要求，另一方面社会组织将公共服务的捐赠流程、项目执行、款项使用等全流程信息公开在技术上也成为可能，从而减轻传统公益中的"信任黑盒"问题，同时也倒逼社会组织更加规范地参与社会治理。当前部分社会组织已引入区块链、人工智能等技术，变革信息公开、数据溯源模式，提升透明化水平和可信赖程度。

其次,社会组织通过数字赋能触达更多潜在捐赠者。在数字技术的助力下,社会组织链接潜在捐赠者的边际成本几乎为零,尤其是综合性公募平台受众面更广、点击率更高,更容易帮助慈善组织获得较高的募捐率(周俊,毕荟蓉,2018)。截至 2021 年 11 月,民政部指定互联网募捐信息平台总数已达 30 家。我国慈善组织通过互联网募集的善款从 2017 年的 25 亿元增长到 2021 年的近 100 亿元,增长了近 4 倍。连续三年以来,每年都有超过 100 亿人次点击、关注和参与互联网慈善。以"腾讯公益"平台为例,2021 年,共有 1.5 亿人次捐出 54.46 亿元善款,而在 2017 年,则为 6312 万人次捐出了 16.3 亿元。五年间,人次增长了 2.4 倍,捐赠额更是增了3.3 倍。[1]

最后,社会组织通过数字赋能进行捐赠人管理,提升了捐赠获取的效率,撬动更多社会资源参与到公益慈善事业的发展中。在符合捐赠人隐私保护的基础上,部分社会组织基于捐赠人数据的获取、分析和决策,捐赠人维护从简单标准化的推送信息到个性化的精细维系,实现捐赠前的广泛传达与捐赠后的价值服务,缓解捐赠人流失率高、复捐率低等维系难题。如上海联劝公益基金会已经建立了捐赠人服务系统,涉及捐赠人联络任务、推广传播、渠道管理、统计分析等方面,通过数字技术分层分类标记各个捐赠人的特征,实现分层运营和精细管理,建立起与捐赠者的直达渠道链接,实现对于目标捐赠人的自动化内容触达,从而提升捐赠效率。

(二)动员志愿者资源

社会组织参与社会治理的过程中,除了面临资金困境,还面临人力资源缺乏的难题,尤其面临志愿者管理混乱,志愿服务与社会需求难以精准

---

① 徐晶卉. 中国互联网公益峰会发布年度数据:全国网络捐赠 100 亿次,筹款近百亿[EB/OL].(2022-05-20)[2022-08-01]. https://baijiahao. baidu. com/s? id = 1733345538617704324&wfr = spider&for=pc.

对接等困局。长期以来,社会组织的志愿服务活动缺乏协同性和长效性,呈现出碎片化、临时化、粗放式的难题。近年来,社会组织通过数字赋能有效解决了社会组织这一难题。首先,社会组织通过数字技术实现志愿者需求的快速传播,扩大志愿者招募的范围,提高志愿者招募的效率。其次,通过数字技术能够实现志愿者的有效管理,了解志愿者的基本情况,分析其志愿服务意向和技能。最后,通过数字赋能,还能实现社会需求和志愿者供给的有效对接和精准匹配。

志愿汇作为一家互联网志愿服务应用平台,在 2020 年新冠肺炎疫情暴发后迅速响应,协同政府、志愿服务组织、志愿者、企业等多元主体,构建了良性闭环的志愿服务生态系统,有效匹配了疫情防控期间的志愿者供需,助力疫情防控。2020 年 2 月初,杭州市上城区晴雨公益的专职工作人员通过日常使用的志愿者微信群,发布了社区测温志愿者招募信息,但效果并不理想。随后,他们选用志愿汇发布志愿者需求,结果不到半天,社区测温志愿者就招满了。这是由于志愿汇的用户基础广,能够在大额招募中发挥关键性作用。同时,随着志愿服务开展范围的不断扩大、志愿服务形式的不断丰富以及志愿者人数的不断增加,志愿汇的功能也在不断完善。目前,志愿汇在加快进行志愿服务组织的专业需求认证,对志愿组织进行相应的归类和识别,实现有服务热情的专业志愿者和有招募需求的专业志愿服务组织二者的无缝对接。

三、数字赋能社会组织参与社会治理的创新机制

社会组织参与社会治理常常受到时间和空间上的限制,大多数社会组织只能在组织所在地开展服务,也难以给予受助对象全方位、全流程的方案支持。社会组织通过数字赋能的创新机制:一方面,能够创新地解决以往社会组织参与社会治理的瓶颈,比如通过线上线下并行的方式参与社会

治理，突破属地化社会公共服务供给的瓶颈；传统公共服务的线上化可降低成本，拓展公共服务边界，丰富公共服务场景；公共服务的线上供给模式还可以为传统公共服务加入创新元素，集合多方资源，规模化解决社会问题。另一方面，社会组织将数字技术和数字思维融入社会治理的过程中，为社会问题提供创新性的解决方案，高效智能地满足不同群体的多样化需求。同时，在更多领域和场景发挥社会组织的作用和功能，实现社会治理创新。[①]

一直以来，许多寄宿或者留守儿童因为无法得到有效的陪伴而面临严重的心理健康问题。但是面向留守儿童的传统公益服务模式在专业人才及地域分布上都比较受限，儿童心理热线、法律热线、个体心理辅导以及专业社工干预等形式难以为留守儿童提供可持续的有效陪伴，且难以达到规模化效应。面对这一挑战，北京歌路营慈善基金会创新开发了"新一千零一夜"项目，开发播放软件和播放网页，采用信息化、网络化的方式为乡村学校、乡村儿童提供专业且长期的有效情感陪伴。"新一千零一夜"睡前故事由专业少儿出版社编辑、学校教育工作者组成故事开发小组，从数千部儿童文学经典、图书、杂志、网络、新闻等进行选编，再由中央人民广播电台乡村之声频道、北京广播电台故事频道专业主持人，中国传媒大学播音系师生和西安、安徽等各地专业播音主持人等完成录制和灌制工作，形成并不断更新的"新一千零一夜"乡村儿童成长故事库，通过在线系统播放成长故事，为农村寄宿留守儿童开展心理情感教育，提供情感支持。项目实施后，寄宿留守儿童的抑郁增长速度减缓了 63.6％，睡眠好的学生增加 126.5％，学生被霸凌的情况减少 11.8％，寄宿生抗逆力提升 3.6％。[②]

---

① 腾讯基金会 & 腾讯研究院. 2021公益数字化研究报告[EB/OL].（2021-05-20）[2021-06-22]. https://mp.weixin.qq.com/s/TvPHqtc9AuOdolmMs-4EyQ.
② 歌路营基金会. 农村寄宿制学校学生发展报告[EB/OL].（2016-04-29）[2021-06-22]. https://mp.weixin.qq.com/s/E44XRrq_3WQ5uVlQ90YYmQ.

第三节　数字赋能社会组织参与社会治理的挑战与未来展望

越来越多的社会组织通过数字赋能提升参与社会治理的能力,但在数字赋能社会组织参与社会治理的探索中也暴露出一些问题,需要社会组织、政府、企业、社会组织等多元治理主体共同努力提升数字赋能社会组织参与社会治理的能力。

一、数字赋能社会组织参与社会治理的挑战

在数字时代,社会组织通过数字赋能参与社会治理主要面临两大挑战:一是数字赋能社会组织参与社会治理的整体水平较低且不均衡;二是数字赋能社会组织参与社会治理的外部支撑体系不健全、不成熟。

(一)数字赋能社会组织参与社会治理的整体水平较低且不均衡

随着互联网基础设施、网络终端接入设备的普及,社会组织并不存在明显的"数字硬件鸿沟"。然而,由于社会组织的服务领域、组织规模等个体特质差异明显,导致其在信息技术使用上存在明显差异(钟智锦、李艳红,2011),进而影响其参与社会治理的程度。具体表现在以下三个方面:

第一,与其他组织相比,社会组织借助数字技术参与社会治理的整体水平较低。数字技术不仅在为社会组织赋能,同时也在为其利益相关者——政府、企业和公众赋能,且赋能程度存在差异。我国社会组织整体规模较小,从业人员年龄结构偏大(唐代盛等,2015;郁建兴、谈婕,2016),对数字技术的应用在技能和认知上准备不足,没有足够的资金和人力资源

支撑社会组织通过数字赋能参与社会治理。因而，我国社会组织在参与社会治理过程中数字技术使用的广度和深度与政府、企业、公众相比，都有一定的差距。

第二，不同类型的社会组织通过数字赋能参与社会治理的程度存在不平衡。公益慈善类的社会组织在信息技术使用方面较其他类型的社会组织更为活跃，尤其是借助互联网募捐平台的力量，能更好地激发社会活力，更精准地对接服务受助对象和捐助对象。

第三，社会组织数字赋能不均衡，尤其在参与社会治理中的应用较低。即使在数字应用较高的公益慈善类社会组织中，数字化应用仍主要集中在筹款和传播环节。在面向公益服务的具体场景中的数据分析、数据应用程度进展缓慢。[①]

(二)数字赋能社会组织参与社会治理的外部支撑体系不健全

除了数字赋能社会组织参与社会治理的整体水平较低且不均衡以外，数字赋能社会组织的外部支撑体系还不健全，主要体现在以下几个方面：

第一，社会组织参与社会治理缺乏必要的数据支撑。数据是社会组织实现数字化发展的核心，要提高数字赋能社会组织参与社会治理的程度，需要有高质量的数据做支撑。然而，当前社会治理所需要的数据散落在部分社会组织、政府，难以实现社会治理相关数据在跨机构、跨平台上的共享，数据孤岛困境明显。社会治理类数据的缺失导致社会组织难以基于社会问题的现状实现高效精准的供需匹配，限制了社会组织参与社会治理的深度和广度。

第二，数字赋能社会组织参与社会治理缺乏足够的技术支持。《公益数字化研究报告 2021》的调查结果显示，公益慈善类社会组织数字化供应

---

① 腾讯基金会 & 腾讯研究院. 2021公益数字化研究报告[EB/OL]. (2021-05-20)[2021-06-22]. https://mp. weixin. qq. com/s/TvPHqtc9AuOdolmMs-4EyQ.

商仅十余家,严重供不应求,市面上公益产品数量少且质量欠佳,难以满足公益组织的个性化需求。①

二、数字赋能社会组织参与社会治理的未来展望

充分发挥数字时代社会组织在社会治理中的作用,不仅需要社会组织强化自身数字化能力建设,提高其参与社会治理的能力,更需要搭建起政府、企业等多元治理主体共同参与的支持体系,提升数字赋能社会组织参与社会治理的能力。

(一)提升社会组织的数字化能力

首先,社会组织必须提升组织自身的数字化能力。社会组织内部的数字化能力是提升数字赋能社会组织参与社会治理的必要条件。社会组织自身的数字化能力强并不一定带来社会组织参与社会治理能力的提高,但如果社会组织内部管理还是传统模式,数字化能力缺乏或者很低,那么必然会限制数字化时代背景下社会组织参与社会治理的广度和深度。因此,为了更好地参与数字化时代的社会治理,社会组织自身的发展也要适应数字化时代发展的趋势,提高自身的数字化能力,根据自身的资源禀赋,选择适宜的信息化、数字化策略,提升组织自身的内部管理效率、筹款能力、沟通能力等。组织资源贫乏、组织规模较小的社会组织可以寻求第三方合作,以低成本提高社会组织的数字化能力。如利用灵析、tracker、有益云、志多星等第三方信息系统进行公共服务项目管理、志愿者管理;利用腾讯公益、淘宝公益等互联网募捐信息平台进行在线筹款,获取参与社会治理所必需的资金支持;利用微信、微博等新媒体平台进行宣传倡导,促进与利

① 数字化供应商包括产品供应商和服务供应商,前者提供针对性的公益数字化产品,后者帮助公益组织进行数字化规划,提供技术支撑等服务.

益相关者的互动等。组织资源丰富、规模较大的社会组织可以自建或者资助开发专业的信息管理系统，不仅提升组织自身的数字化能力，更为公益行业的基础设施建设添砖加瓦。

其次，社会组织坚持数字治理与传统治理相融合的方式，满足差异化的公共服务需求。一方面，由于存在"数字壁垒"和数字治理对社区社会资本削弱的风险，社会组织应当坚持线上组织、开展活动与线下面对面、情感链接相结合的方式，通过组织更多的线下活动，拉近人与人之间的距离，增强人与人之间的情感互动，增进社会互信、交流，增加社区社会资本。另一方面，社会组织在追求通过数字技术实现社会治理更高效、精准化的同时，更要关注边缘人群的实际需求，尤其是为技术不可及人群提供高质量的传统治理方案。在多数人享受数字技术红利的同时，我国还有相当一部分高龄、低收入和低教育水平群体面临"数字鸿沟"的困境。以老年人口为例，第七次全国人口普查结果显示，截至 2020 年 11 月 1 日，我国 60 岁及以上人口为 2.6 亿人，占 18.70%，其中 65 岁及以上人口为 1.9 亿人，占 13.50%[①]。他们中的很多人因为没有智能手机、没有网络经验，在社会服务供给中越来越处于边缘化的地位。社会组织应该关注这些群体的实际需求，为他们提供个性化服务。对此，社会组织要面向这些特定的高龄、低收入和低教育水平群体，开展在线服务使用的数字技术科普；针对这些特殊群体的需求特点，社会组织要加强技术创新，开发提供更多智能化简易产品和服务，保证数字弱势群体也能享受数字化的扩散效应和发展红利；同时，社会组织还要继续提供高质量的传统治理方案，帮助不同的人群可以按照自己的喜好与习惯等地参与社会治理。

---

① 国家统计局.第七次全国人口普查主要数据情况[EB/OL].（2021-05-11）[2021-06-22]. http://www.stats.gov.cn/tjsj/zxfb/202105/t20210510_1817176.html.

（二）构建全方位的政府支持体系

数字时代政府本身既是社会治理的核心主体和对象，也是引领数字技术重塑社会运行方式的关键行动者，需要扮演好元治理者的角色（郁建兴，2021）。通过加强数字赋能社会组织参与社会治理的战略谋划和顶层设计、强化数字化社会治理平台建设、提供开放性社会治理数据库支持、提升社会组织参与社会治理的数字基础能力等方式来提升数字赋能社会组织参与社会治理的能力。

首先，政府需要加强数字赋能社会治理的战略谋划和顶层设计，以系统性的思维来推进社会组织参与社会治理。通过政策引导鼓励数字赋能社会组织参与社会治理，为社会组织参与社会治理提供渠道。2021年，浙江省为努力成为新时代全面展示中国特色社会主义制度优越性的重要窗口，率先全面推进数字化改革，并从省级层面率先出台了《浙江省数字化改革总体方案》（以下简称方案）。方案的总体目标明确提出要"建设完善基础设施、数据资源、应用支撑、业务应用、政策制度、标准规范、组织保障、政务网络安全'四横四纵'八大体系和'浙里办''浙政钉'两大终端"的一体化智能化公共数据平台，全面服务政府、群团、社会组织等改革主体。同时，上海发布的《关于全面推进上海城市数字化转型的意见》也提出要"以党建为引领，加强数字赋能多元化社会治理，推进基层治理、法治建设、群团组织等领域数字化转型"。浙江省、上海市等地区的先行先试也为其他省市建立数字赋能社会组织参与社会治理的制度体系提供经验。未来，需要在顶层设计上，将社会组织的数字化改革纳入到社会治理领域的数字化改革之中，为数字赋能社会组织参与社会治理提供制度支持。

其次，政府要强化政府服务公共平台和社会服务平台统筹的一体化数字社会治理平台建设。调整数字时代社会组织参与社会治理的基本规则，为社会组织提供参与社会治理均等化的机会以及跨部门合作的平台支持。一方面，政府通过将社会组织纳入数字化社会治理平台，只要社会组织满足一定的基本条件，就能享有申请入住数字化社会治理平台同等的机会。以浙江省嘉兴市"微嘉园"为例，社区社会组织均可申请入驻"微嘉园"，入驻后的社会组织均可在平台上发布公益活动信息、志愿者信息、提供公共服务等。另一方面，政府通过建设数字化社会治理平台为社会组织提供与其他社会组织或者其他治理主体共同参与社会治理的合作平台。社会组织参与社会治理并不是"单打独斗"，常常需要与其利益相关者，如其他社会组织、服务对象、志愿者、企业等通力合作。数字赋能增强了信息透明化程度，社会组织能够更容易地在数字化社会治理平台上找到其他利益相关者并开展互动，从而减少搜寻、交易和互动的成本。

再次，政府要为社会组织参与社会治理提供开放性社会治理数据库支持。在社会治理的多元治理主体中，政府掌握着大部分公共数据。为了激发社会组织参与社会治理的活力和效率，政府必须提升社会治理数据的开放质量。一是推进数据开放共享标准化建设，创新数据流动方式，开放更多高容量、高需求的优质数据集，为社会组织更高质量地参与社会治理提供数据基础。二是建立数据申请开放机制，让政府数据供给与社会数据需求对接匹配，更有针对性地释放数据价值，为社会组织精准化、动态化地参与社会治理提供数据基础。三是构建"开放数据—开发应用—参与服务"的全链条创新体系，推广数据创新应用竞赛、提供开发资助等形式，鼓励更多社会组织更创新性地参与社会治理。

最后，政府要为社会组织参与社会治理提供数字基础能力支持。当前，数字赋能社会组织的程度制约着社会组织参与社会治理的深度。除了社会组织要积极提高自身参与社会组织的数字化能力，政府也需要为社会组织参与社会治理提供提升数字基础能力的支持。一是为社会组织提供数字能力培训。在思想观念上，政府通过对社会组织工作人员的培训，帮助他们树立数字赋能、大数据思维等理念。通过数字化能力培训,提高社会组织工作人员应用数字化的能力,为数字赋能社会组织参与社会治理提供知识基础。二是为社会组织提供基础的数据共享平台、数据业务平台,可以为社会组织直接提供算法或者推送算法结果,提升社会组织对数据的应用和分析能力,以便更好地服务于社会治理。

(三)加强企业的技术支持

要提升数字赋能社会组织参与社会治理,还离不开企业的技术支持。企业需要配合政府,对社会组织进行数字赋能等思想观念和能力的培训。更重要的是企业发挥技术优势,为社会组织参与社会治理提供更高效、更低成本的数字化解决方案,并实现政府和社会组织的联动。以杭州筑家易电子商务有限公司(简称筑家易)为例,作为一家致力于推进政务民生发展的数字科技服务商,为杭州市富阳区提供了"富春智联"数字社会治理一体化服务平台。筑家易通过将"杭州文明帮帮码"社会服务平台接入"富春智联",统筹了社会组织和志愿者等公共服务资源,利用"文明帮帮码"APP,帮助志愿者开展在线报名注册、组织报名、活动报到等流程,搭建起"现实志愿需求"和"公益服务愿望"的桥梁,使得社会组织参与社会治理更加高效和精准。杭州市富阳区委区政府、志愿服务组织、筑家易探索了一个政府、社会组织、企业多元主体跨部门合作构建数字赋能社会组织参与社会治理支撑体系的可操作化方案。

在公益慈善领域,部分互联网企业发挥技术和流量优势,相继推出了一系列公益计划。阿里巴巴公益和蚂蚁区块链共同发起"链上公益计划",这是一个以区块链技术为底层打造开放平台,利用区块链技术"不可篡改"的特性,为公益组织和公益项目提供公开透明的系统化解决方案,实现善款可上链、过程可存证、信息可追溯、反馈可触达、多端可参与、多方可监督。这套体系将逐步对公益机构免费开放,即便公益机构没有技术人才,也能基于这套体系让公益项目轻松上链。未来 2—3 年,阿里巴巴将持续投入,探索出不同类型公益项目的区块链标准化方案,并将其沉淀为阿里公益平台上各类公益项目的基本执行规范。

腾讯基金会发起的"科技公益互助计划",倡导和促进更多以科技手段解决社会痛点的公益项目,旨在凝聚企业内部和社会各界科研和技术志愿者,共同探索公益事业的数字化创新,推动社会的可持续发展。通过"科技公益互助平台",将投入更多技术力量,与公益机构携手,推动公益行业深耕透明度、数字化、生态效率,持续探索从科技向善到科技公益互助模式的延展,不断扩展公益生态的广度和深度。

"百度星辰计划"是百度搭建的 CSR 技术赋能平台,秉承可持续发展原则,技术解决社会问题的理念,借助流量、技术、生态、资金四大能力搭建的生态能力共享平台,联动创作者、开发者、企业社会组织共同参与,将经过筛选的公益需求公示在平台首页,开发者可根据对应案例输出高效、创新的解决方案,向社会公益领域提供免费开源的人工智能技术支持,推动人工智能等重要技术在社会责任领域的应用落地。

海康威视启动"STAR 公益伙伴计划",该计划秉承海康威视"用科技促持续发展,以行动担社会责任"的科技公益理念,将向各类公益组织免费开放 AI 能力,帮助其开展创新公益活动,为公益插上科技的"翅膀"。"STAR 公益伙伴计划"将基于海康威视 AI 开放平台,免费向各类公益组织提供算法训练等功能,助力公益组织快速提升项目中所需的智能感知、认知能力。未来,要进一步发挥企业的技术、流量和平台优势,提升数字赋能社会组织参与社会治理的能力和效果。

案　例

数字赋能志愿服务组织参与公益慈善①
——以志愿汇为例

志愿汇成立于 2015 年 9 月,是一家以企业为主体搭建的志愿服务平台,对志愿服务进行专业化管理。创立之初,志愿汇就坚持技术与专业并重的发展路径。在技术层面,志愿汇利用自身的后发优势,集南北方不同地区志愿服务平台所长,打造了兼容性强、功能全面的平台。在专业上,团队创始人王跃军对志愿服务生态有着非常深刻的认识,其团队坚持发挥企业的核心专业优势,打造公益志愿服务平台。也正是因为志愿汇平台的强大功能和专业特性,志愿汇成立后接连承接了 2016 年 G20 杭州峰会、2018 年世界短池游泳锦标赛等多个大型活动。团中央在全国范围内挑选适合全国推广的志愿服务平台时,在各省市数十家平台中选择了志愿汇。随着志愿服务开展范围的不断扩大、志愿服务形式的不断丰富以及志愿者人数的不断增加,志愿汇的功能也在不断完善,致力于推动志愿服务生态系统的形成。

在志愿服务生态系统中,志愿者、志愿服务组织和政府是三大主要参与方。为此,志愿汇逐渐确定了以下几项基本功能,以满足这三方的需求。

第一,解决了志愿服务组织和志愿者之间信息不对称的问题。为打破供需失衡,平台为志愿服务项目、志愿服务组织、志愿者提供了一个开放式的对接枢纽,对接社会需求,嫁接志愿服务组织,把志愿服务项目推向全社会。这样就形成了一个类似买方和卖方的交易市场,志愿者和志愿服务组织都拥有自主选择权。志愿者可以很方便地找到组织、挑选组织;志愿服

---

① 案例素材参考:MID 蜜得创益. 作为服务平台,志愿汇如何打造"公益淘宝"? [EB/OL].(2020-04-27) [2021-07-01]. https://baijiahao. baidu. com/s? id = 1665124433287294347&wfr = spider&for=pc.

务组织也可以招到志愿者、挑选志愿者。

第二，解决了志愿服务组织管理难的问题。通过人脸识别、电子围栏等线上打卡技术进行科学计时，并通过互联网、区块链等技术公开记录与留存，最大限度解决通过志愿服务时长科学评价志愿者社会贡献的问题。志愿汇还提供了线上评价功能，志愿组织和志愿者可以相互评价。志愿汇为政府了解志愿服务组织数量、志愿者、志愿服务活动类型等基本情况，科学调配志愿服务的供给等方面发挥了很大作用。

第三，解决了志愿者保险保障和激励的问题。平台免费统一提供志愿者保险，同时，平台为政府出台公共政策和公共资源激励提供数据支持，并借助流量优势引入商业资源激励志愿者，形成长期稳定的激励环境。同时，志愿汇还对基金会与志愿服务组织进行有效对接、匹配资源，保证项目落地。

第四，解决志愿者与志愿服务组织的结构性错配问题。志愿服务组织招募志愿者时，常常出现一方面有大量的志愿者，另一方面某些领域招不到专业志愿者的结构性错配问题。基于此，志愿汇平台推出专业志愿者储备计划，主要是通过数字技术，提高志愿者和志愿服务组织的识别度。一方面，对志愿者进行画像区分，尤其是在志愿者的专业领域；另一方面，对志愿服务组织进行认证，同时进行相应的归类和识别。这样志愿者可以快速找到想要参加的志愿服务类别，志愿服务组织能够快速招到想招的志愿者。

据互联网周刊的第三方权威评价，志愿汇 APP 已经连续三年稳居志愿服务类 APP 用户总量和增速第一。截至 2021 年 12 月 31 日，"志愿中国"信息系统（志愿汇）覆盖全国 31 省（区、市），共有 390632 家志愿服务组织入驻，后台注册用户 9004.55 万人，2020 年共有 1718867 名志愿者通过"志愿中国"信息系统（志愿汇）参与了疫情防控志愿服务，2021 年共有 2850030 名志愿者通过"志愿中国"信息系统（志愿汇）参与了疫情防控志愿服务,2020年至2021年共计参与疫情防控志愿服务活动13826348人次。

创始人王跃军认为,从未来发展方向看,志愿汇平台将在几个方面持续发力。一是继续保持快速增长趋势,为全国志愿者,乃至全球志愿者服务。二是不断优化产品,建立用户成长体系,完善志愿服务组织和志愿者画像,提高精准匹配效率。完善表单和统计功能,为政府和志愿者服务组织优化管理提供工具支持。三是继续延展丰富平台生态,引入基金会、培训机构等参与主体,为志愿服务组织提供资金支持和培训支持。四是通过搭建玫瑰信用分、益币等应用场景,推动B2C志愿服务向C2C人人互助拓展。

案例分析题:

1.在案例中,志愿汇作为平台是如何赋能社会组织的?

2.请结合案例分析,志愿汇在社会组织参与志愿服务中发挥了哪些作用,具体机制有哪些?

3.请结合实践经验,谈谈应当如何进一步通过数字赋能提升社会组织参与社会治理的能力和效果。

第七章　社会组织参与社会治理的总结与展望

　　当前,我国社会组织正从"数量增长"转向"质量提升",进入了质量、结构、规模、速度、效益、安全相统一的高质量发展期。全国性社会组织和地方性社会组织已遍布各个行业领域,在政治、经济、社会等领域发挥着日益显著的作用。作为党和政府联系社会的桥梁纽带,社会组织是中国特色社会主义现代化建设的重要力量,也是参与社会治理创新、建设共同富裕示范区的重要主体。民政部《"十四五"社会组织发展规划》指出,"党建引领、统一登记、各司其职、协调配合、分级负责、依法监管的中国特色社会组织管理体制更加健全;政社分开、权责明确、依法自治的社会组织制度更加完善;结构合理、功能完善、竞争有序、诚信自律、充满活力的社会组织发展格局更加定型",要发挥社会组织在服务大局、服务基层中的作用。共同富裕作为国家"十四五"规划和 2035 年远景目标也对社会组织提出了新要求,中共中央、国务院《关于浙江高质量发展建设共同富裕示范区的意见》为社会组织参与共同富裕事业指明了新方向。可见,我国将处于社会组织发展与社会治理创新的大时代,也将是我国社会组织参与社会治理创新的大发展时代。

第一节　全面建设社会主义现代化国家
新征程中的社会组织发展

在我国开启全面建设社会主义现代化国家新征程、向第二个百年奋斗目标进军的新发展阶段,社会组织发展与富有活力的市场经济、卓有成效的政府变革一起,同属于全面建成小康社会的最重要成就,也是现代化国家新征程中重要建设主体。党的十八大以来,围绕培育发展社会组织,我国政府推出了直接注册登记、税收优惠、购买服务、综合监管等多项举措,重点培育和优先发展行业协会商会类、科技类、公益慈善类、城乡社区服务类社会组织,不同类型社会组织在推动经济发展、提升社会治理、促进生态多样性保护、助力决胜脱贫攻坚等方面取得了大量的实践成就,这对社会组织推动现代化国家建设奠定了坚实基础。在迈向社会主义现代化国家新征程中,社会组织是整个社会力量的生力军。民政部印发关于《"十四五"社会组织发展规划》的通知,实施"培育发展社区社会组织专项行动""社会组织治理体系和治理能力建设工程",发挥民政部部管社会组织示范作用。通过逐步推进社会组织高质量发展、拓展社会组织的治理边界、数字赋能社会组织等,发挥社会组织在我国社会主义现代化国家新征程中创新社会治理的功能与作用。

一、推动社会组织高质量发展

改革开放以来,我国社会组织在数量上实现了突飞猛进的增长。民政部数据显示,2012 年,我国社会组织登记总量仅有 32 万家,而截至 2021年底,我国登记社会组织总数已经达到 90.1 万个,其中全国各省市基金会

8670 个、社会团体 36.9 万个、民办非企业单位 52.1 万个。然而，我国社会组织还存在内部治理机制不规范、人才缺乏等问题，面临着增量提质、优化效能、综合创新的发展任务。全面建设社会主义现代化国家新征程对社会组织发展提出了高质量发展的新要求，实现从"数量增长"转向"质量提升"。我国社会组织高质量发展需要社会组织坚持党的全面领导，发挥社会组织党组织的核心作用、深入实现党建与业务融合发展；社会组织在党和国家事业发展全局中主动服务，聚焦关键领域推进社会组织供给侧结构性改革；统筹协调与系统推进社会组织协同发展，形成社会组织改革发展新合力；创新社会组织培育支持方式，发挥支持性社会组织与区域性社会组织的作用；创新社会组织服务管理方式，以智能化建设促进社会组织管理服务现代化，实现智能化监管、跨部门监管、社会化监管和信用信息监管。在全面建设社会主义现代化国家进程中，优化社会组织存量、把控社会组织增量、提升社会组织质量。

二、拓展社会组织治理边界

《中华人民共和国国民经济和社会发展第十四个五年规划和 2035 年远景目标纲要》提出，"发挥群团组织和社会组织在社会治理中的作用，畅通和规范市场主体、新社会阶层、社会工作者和志愿者等参与社会治理的途径"。加强和创新社会治理，需要充分发挥社会组织作用，通过探索社会组织参与社会治理的新平台与新机制。作为社会治理的重要主体之一，社会组织在社会治理顶层设计中成为党总揽全局、协调各方的重要力量。在多元主体开展社会治理成为国际普遍治理共识的背景下，社会组织作为区别于政府和市场的第三方力量可以在社会治理的三大领域充分发挥作用（沈永东、应新安，2020；郁建兴、任杰，2020）。在社会共治领域，社会组织主要就公共服务的提供以及公共事务的常态管理与政府展开协同性、平等性合作;在社会管理领域,社会组织更倾向于在减轻政府治理压力、辅助政府维护社会秩序等情境下辅助政府,发挥自身优势;在社会自治领域,社会组织受自主性驱动,在限定行业和范围内展开自治行动,激发社会活力。全面建设社会主义现代化国家新征程要求拓展社会组织治理边界,这不仅要推动社会组织多元化发展、鼓励社会组织参与社会治理的不同领域,还要提升社会组织参与社会治理的多元机制、增强社会组织治理功能。

三、数字赋能社会组织发展

党的十九届五中全会审议通过的《中共中央关于制定国民经济和社会发展第十四个五年规划和 2035 年远景目标的建议》提出,加强数字社会、数字政府建设,提升公共服务、社会治理等数字化智能化水平。《中共中央国务院关于支持浙江高质量发展建设共同富裕示范区的意见》提出,以数字化改革提升治理效能。社会治理数字化、智能化已然成为社会治理创新的重要理念,社会组织作为社会治理创新的重要主体,也必然参与到社会治理数字化进程中来,走向数字化和智能化(郁建兴,2021;孟天广,2021)。数字赋能社会组织参与社会治理创新主要体现在以下三个层面:第一,数字化改革推进整体治理理念的转变和协同治理格局的搭建为社会组织参与社会治理提供了更多机会;第二,新兴治理领域的出现拓展了社会组织参与社会治理创新的场域;第三,数字技术赋能社会组织,能够增强组织自身参与社会治理创新的能力。全面建设社会主义现代化国家新征程对数字赋能社会组织提出新要求,社会组织在参与社会治理的不同场景应用中需要主动提升服务的智能化,推动参与方式向着智慧化目标前进,而社会组织在应对呈现差异性、动态性和层次多样性的社会治理需求上也将大有可为。

第二节　共同富裕背景下社会组织参与社会治理的新定位

　　国家"十四五"规划和 2035 年远景目标之一是全体人民共同富裕迈出坚实步伐，到 2035 年，人的全面发展、全体人民共同富裕取得更为明显的实质性进展。推动共同富裕是一个系统、长期和艰巨的工程，其中包含经济高质量发展、改革收入分配制度、统筹城乡区域发展、发展社会主义先进文化、促进人与自然和谐共生、创新社会治理等重要议程，必须综合发挥行政机制、市场机制、社会机制的作用（江亚洲、郁建兴，2021）。中央财经委员会第十次会议强调，在高质量发展中促进共同富裕，正确处理效率和公平的关系，构建初次分配、再分配、三次分配协调配套的基础性制度安排。这意味着社会机制主导的资源配置方式被正式纳入推动共同富裕的基础性制度安排，而社会组织作为社会机制的重要主体，必将在推动共同富裕中大有可为。从总体上看，推动共同富裕取得实质性进展要求政府有序向社会赋权、激发社会组织活力、做优做强社会组织功能，不断优化社会组织参与社会治理创新推动共同富裕的制度环境与政策体系。

　　作为创新社会治理的重要力量，社会组织在实现共同富裕目标中有其新定位，理应发挥推进共同富裕的功能与作用。社会组织作为社会机制的重要主体，在推动共同富裕的实践中大有作为（沈永东，2021），而以行业协会商会为代表的社会组织，则可以在会员逻辑、影响逻辑与公共逻辑融合驱动下推动共同富裕（沈永东、毕荟蓉，2022）。2021 年 7 月，《浙江高质量发展建设共同富裕示范区实施方案（2021—2025）》提出，坚持和发展新时代"枫桥经验"，推进社会治理先行示范。2021 年 12 月，中共浙江省委办公厅、浙江省人民政府办公厅印发《关于促进社会组织高质量发展助力共同富裕示范区建设的意见》的通知,提出社会组织要高效参与治理,拓展社会组织参与提供为民服务、公益慈善、邻里互助、平安建设、文体娱乐、农村生产技术等服务活动的广度和深度,完善社会组织参与基层治理数字化多跨协同应用场景。因此,在共同富裕背景下,社会组织参与社会治理创新需要着重推进社会治理格局创新、拓展社会组织参与社会治理的新内容、提升社会组织参与社会治理的新方式。

一、社会组织推进社会治理格局创新

党的十八大以来,党中央对社会治理给予了高度关注,先后在党的十八届三中全会、党的十九大、党的十九届五中全会以及党的二十大上明确要求发挥社会组织在基层社会治理中的作用,社会组织在社会治理格 局中的地位越来越受到重视。同时,各级政府先后出台地方政策法规支持社会组织参与社会治理。尤其是"共建共治共享"社会治理新格局确立后,基层社会治理走向全面开放,不同类型社会组织都能在基层治理中发挥积极作用,社会组织已经成为创新社会治理格局中不容忽视的重要力量。在推进共同富裕进程中,社会组织对于创新社会治理格局的意义体现在三个方面:一是突破传统治理格局的束缚,社会组织将社会创造力和社会创新力源源不断地注入社会治理共同体,协同基层政府革除既有治理环境中的体制性弊端;二是在基层政府难以渗透与社会流动性较大的领域中,充实社会组织力量,克服基层社会治理的薄弱环节;三是不断优化社会治理格局,不同类型社会组织的多元化功能可以助力国家在基层实现治理主体多元合作的最优化配置。

二、社会组织推进社会治理内容创新

在中国特色社会主义新时代,社会组织在政治、经济、社会和文化领域扮演了重要的角色,郁建兴等(2019)将当前社会组织的功能划分为政策倡导、促进就业、提供公共产品和服务、动员社会资源、促进社会和谐和推动公共文化建设等六个方面。事实上,社会组织参与社会治理创新的实际作用发挥不仅限于此:一方面,党和国家通过注意力配置撬动实现资源优化分配(余敏江、李粤昊,2021),吸纳社会组织广泛参与到更多更新的领域中;另一方面,社会组织作为社会治理网络中的重要一环,通过在社会治理场域中的深度在场,主动嵌入社会治理格局,在新领域内提升社会组织的治理话语权重,从而延伸其公共服务的触角。在推进共同富裕进程中,社会组织推进社会治理内容创新的意义还体现在:一是为重点地区与重点人群提供精准公共服务,通过在教育、医疗、住房、产业等领域开展跨地区跨城乡的精准服务供给,开拓社会组织服务边界;二是在防范重大公共危机风险中贡献力量,社会组织为新冠肺炎疫情防控做贡献,更新了人们对于社会组织参与社会治理的传统认知;三是作为重要主体参与第三次分配改革,社会组织推动慈善等社会公益事业发展,实现社会资源从先富向后富转移,有效助力共同富裕。

三、社会组织推进社会治理方式创新

社会组织通过关系契约、社会资本、资源互补、信任互增、责任共担等方式,增强社会自我能力、激发社会内生动力来推进社会治理手段的创新。以社会组织为主体的社会机制通过自我整合,形成正式或非正式的社群网络,能够在宣传、引导、互动与博弈过程中树立起公民认可的规范与秩序。

未来，社会组织可以通过利益诉求表达与积累社会资本在提供公共技术平台、供给公共服务、稳定社会秩序、激发社会活力、倡导公益慈善等发挥独特作用。一是社会组织党建巩固社会治理的整体性建设。社会组织在参与社会治理的过程中由于信息不对称、网络结构松散、数字鸿沟等问题而面临碎片化的社会治理困境，党建引领社会组织与其他类型组织建立新的联结机制，在新的政府—市场—社会网络框架之内驱动了社会治理方式的创新；二是社会组织以柔性嵌入社会治理场域，实现柔性社会治理。在政府长期占据主导地位的社会治理格局之下，对公众诉求的回应与社区矛盾纠纷的处理存在及时性不足的短板，社会组织回应公众诉求、参与矛盾纠纷调处，可以缓解政府处理基层矛盾纠纷的压力，有效预防事态进一步恶化；三是社会组织推动社会治理的跨部门合作。社会组织通过与政府、企业等其他主体合作获得政治合法性、市场资源撬动与合作网络等获取外部资源来推动社会治理的跨部门合作创新。

参考文献

中文著作

[1] 布迪厄. 实践与反思:反思社会学导引[M]. 李猛,李康,译. 北京:中央编译出版社,2004.

[2] 福柯. 规训与处罚[M]. 刘北成,杨远婴,译. 上海:上海三联书店,1999.

[3] 福山. 信任:社会美德与创造经济繁荣[M]. 彭志华,译. 海南出版社,2000.

[4] 康晓光,等. 依附式发展的第三部门[M]. 北京:社会科学文献出版社,2011.

[5] 林登. 无缝隙政府:公共部门再造指南[M]. 汪大海,译. 北京:中国人民大学出版社,2013.

[6] 萨拉蒙. 公共服务中的伙伴——现代福利国家中政府与非营利组织的关系[M]. 田凯,译. 北京:商务印书馆,2008.

[7] 戴维斯,诺思. 制度变迁与美国经济增长[M]. 张志华,译. 上海:格致出版社,上海人民出版社,2019.

[8] 李惠斌,杨雪冬. 社会资本与社会发展[M]. 北京:社会科学文献出版社.

［9］厉以宁. 股份制与现代市场经济［M］. 南京：江苏人民出版社,1994.

［10］林毅夫. 关于制度变迁的经济学理论：诱致性变迁与强制性［M］. 上海：上海三联书店,1994.

［11］罗伯特·D. 帕特南. 使民主运转起来：现代意大利的公民传统［M］. 北京：中国人民大学出版社,2015.

［12］斯蒂芬·奥斯卡. 新公共治理? 公共治理理论和实践方面的新观点［M］. 北京：科学出版社,2016.

［13］王达梅,李华俊,崔光胜. 政府购买社会组织服务模式与机制创新研究［M］. 北京：中国社会出版社,2020.

［14］王名,邓国胜,等. 中国社会组织(1978—2018)：社会共治——正在生成的未来［M］. 北京：社会科学文献出版社,2018.

［15］王名,刘培峰,等. 民间组织通论［M］. 北京：时事出版社,2004.

［16］尾关周二. 共生的理想：现代交往与共生、共同的思想［M］. 卞崇道,译. 北京：中央编译出版社,1996.

［17］亚当·斯密. 国民财富的性质和原因研究(上卷)［M］. 北京：商务印书馆,1972.

［18］杨团. 慈善蓝皮书：中国慈善发展报告［M］. 北京：社会科学文献出版社,2014.

［19］郁建兴,王名. 社会组织管理［M］. 北京：科学出版社,2019.

［20］詹姆斯·S. 科尔曼. 社会理论的基础［M］. 北京：社会科学文献出版社,2008.

［21］赵鼎新. 社会与政治运动讲义［M］. 北京：社会科学文献出版社,2006.

［22］周雪光. 组织社会学十讲［M］. 北京：清华大学出版社,2003.

英文著作

［1］Avner，M.（2002）. *The lobbying and advocacy handbook for nonprofit organizations：Shaping public policy at the state and local level*. Amherst H：Wilder Foundation.

［2］Bourdieu，P.（2013）. *Distinction*. Abingdon：Taylor and Francis.

［3］Burt，R. S.（1992）. *Structural holes*. Cambridge：Harvard University Press.

［4］Coleman，J. S.（1994）. *Foundations of social theory*. Cambridge：Harvard University Press.

［5］Frumkin. P.，M. T. Kim.（2002）. *The effect of government funding on nonprofit administrative efficiency：An empirical test*. Working Paper（10）. Institute for government innovation，John F. Kennedy School of Government，Harvard University.

［6］Hakansson，N. H.（1989）. *Portfolio analysis*. London：Palgrave Macmillan.

［7］Hughes，O. E.（2003）. *Public management & administration：An introduction*. New York：Houndills.

［8］Hughes，O. E.（2012）. *Public management and administration：An introduction*. Macmillan：Macmillan International Higher Education.

［9］Lewin，K.（1951）. *Field theory in social science*. New York：Harper.

［10］Lin，N.（2001）. *Social capital：A theory of social structure and action*. London：Cambridge University press.

［11］Maslow，A.（1987）. *Motivation and personality*. New York：

Harper and Row.

[12] McCarthy, J & Zald, M. (1973). *Trend of social movements in America professionalization and resource mobilization.* Morristown: N J General Learning Corporation.

[13] Nah, S. (2009). *Building social capital through nonprofit organizations' websites: Organizational features and e-social capital.* Boston: Paper presented at the AEJMC.

[14] Nederlof, S., Wongtschowski M. & Lee F. (2011). *Putting heads together: Agricultural innovation platforms in practice.* Bulletin 396, Amsterdam, the Netherlands: KIT Publishers.

[15] Ogelsby, R. & Burke J. (2012). Platforms for private sector-humanitarian collaboration. London, UK: Humanitarian Futures Programme.

[16] Pfeffe, J. & Salancik G. R. (1978). The external control of organizations: A resource dependence perspective. New York: Harper and Row.

[17] Reid, S., J. P. & Hayes, D. Stibbe. (2014). *Platforms for partnership: Emerging good practice to systematically engage business as a partner in development.* Oxford, UK: The Partnering Initiative.

[18] Salamon, L. M. (2002). *Explaining nonprofit advocacy: An exploratory analysis* (Centre for civil society studies working paper series No. 21). Baltimore: The John Hopkins University Institute for Policy Studies.

[19] Salamon, L. M. (2014). *Leverage for Good: An introduction to the new frontiers of philanthropy and social investment.* New York: Oxford University Press.

［20］Samuel，B.（2004）．*Microeconomics：Behavior，institutions，and evolution*．Princeton：Princeton University Press.

［21］Schiff，J. A.（1990）．*Charitable giving and government policy：An economic analysis*．New York：Greenwood Publishing.

［22］Scott，W. R.（2013）．*Institutions and organizations：Ideas，interests，and identities*．London：Sage Publications.

［23］Froom，H.（1982）．Work and motivation. New York：Wiley.

中文论文

［1］毕荟蓉.政府培育扶持对社区基金会组织发展的影响［D］.上海：华东师范大学,2020.

［2］边燕杰,丘海雄.企业的社会资本及其功效［J］.中国社会科学，2000(2)：87-99.

［3］蔡礼强.发展中国特色社会组织［J］.中国社会组织,2019(1):1.

［4］陈红太.从党政关系的历史变迁看中国政治体制变革的阶段特征［J］.浙江学刊,2003(6)：78-88.

［5］陈家喜.我国新社会组织党建:模式、困境与方向［J］.中共中央党校学报，2012(2)：36-40.

［6］陈家喜,黄卫平.把组织嵌入社会:对深圳市南山区社区党建的考察［J］.马克思主义与现实,2007(6)：84-89.

［7］陈伟东.赋权社区:居民自治的一种可行性路径——以湖北省公益创投大赛为个案［J］.社会科学家,2015(6)：8-14.

［8］陈晓岚.党建引领社会治理新格局的整合逻辑［J］.广东社会科学,2021(2):74-80.

［9］褚松燕.改革开放以来社会组织党建政策的演进及其逻辑［J］.探索,2020(4)：99-110.

［10］邓国胜.中国环保 NGO 发展指数研究［J］.中国非营利评论，2010(2):200-212.

［11］邓宁华."寄居蟹的艺术":体制内社会组织的环境适应策略——对天津市两个省级组织的个案研究［J］.公共管理学报，2011(3):91-101,127.

［12］杜晶晶,胡登峰,张琪.数字化赋能视角下突发公共事件应急管理系统研究——以新型冠状病毒肺炎疫情为例［J］.科技进步与对策，2020(20):34-40.

［13］范永茂,殷玉敏.跨界环境问题的合作治理模式选择——理论讨论和三个案例［J］.公共管理学报，2016(2):63-75,155-156.

［14］方勇.柔性控制:政府主导型社区基金会的项目制运行逻辑［J］.社会主义研究,2018(2):103-114.

［15］费显政.资源依赖学派之组织与环境关系理论评介［J］.武汉大学学报(哲学社会科学版),2005(4):451-455.

［16］高丙中.社会团体的合法性问题［J］.中国社会科学，2000(2):100-109,207.

［17］高传胜.社会企业的包容性治理功用及其发挥条件探讨［J］.中国行政管理,2015(3):66-70.

［18］高红,朴贞子.三元整合的社会组织能力培育机制构建及其制度支持［J］.学习与实践,2015(6):97-104.

［19］葛亮.制度环境与社会组织党建的动力机制研究——以 Z 市雪菜饼协会为个案［J］.社会主义研究，2018(1):104-112.

［20］葛亮,朱力.非制度性依赖:中国支持型社会组织与政府关系探索［J］.学习与实践,2012(12):70-77.

［21］顾丽梅,戚云龙.资源依赖视角下枢纽型社会组织的发展逻辑探析——以 M 市社会组织总会为例［J］.浙江学刊,2021(3):56-63.

［22］关爽,郁建兴.国家治理体系下的社会治理:发展、挑战与改革［J］.江苏行政学院学报,2016(3):67-73.

［23］关婷,薛澜,赵静.技术赋能的治理创新:基于中国环境领域的实践案例［J］.中国行政管理,2019(4):58-65.

［24］贺治方.社会动员能力影响因素初探［J］.湖南行政学院学报,2019(1):84-90.

［25］胡兵.探索民间组织最佳的生存环境——政党组织对民间组织的影响［J］.学会,2007(9):9-15,43.

［26］胡宁生,戴祥玉.地方政府治理创新自我推进机制:动力、挑战与重塑［J］.中国行政管理,2016(2):27-32.

［27］黄晓春.党建引领下的当代中国社会治理创新［J］.中国社会科学,2021(6):116-135,206-207.

［28］黄新华,何冰清.建立高质量的公共服务供给体系——提升公共服务供给质量的需求、障碍与路径［J］.学习论坛,2020(11):46-53.

［29］纪莺莺.当代中国行业协会商会的政策影响力:制度环境与层级分化［J］.南京社会科学,2015(9):65-72.

［30］纪莺莺.治理取向与制度环境:近期社会组织研究的国家中心转向［J］.浙江学刊,2016(3):196-203.

［31］纪莺莺.国家中心视角下社会组织的政策参与:以行业协会为例［J］.人文杂志,2016(4):116-122.

［32］纪莺莺.从"双向嵌入"到"双向赋权":以 N 市社区社会组织为例——兼论当代中国国家与社会关系的重构［J］.浙江学刊,2017(1):49-56.

［33］姜晓萍.国家治理现代化进程中的社会治理体制创新［J］.中国行政管理,2014(2):24-28.

［34］江华,张建民,周莹.利益契合:转型期中国国家与社会关系的一个分析框架——以行业组织政策参与为案例［J］.社会学研究,2011(3):

136-152,245.

[35] 江亚洲,郁建兴.第三次分配推动共同富裕的作用与机制[J].浙江社会科学,2021(9):76-83.

[36] 蒋蕊.构建"四位一体"的社会组织综合监管体系[J].中国社会组织,2016(21):23-24.

[37] 敬乂嘉.合作治理:历史与现实的路径[J].南京社会科学,2015(5):1-9.

[38] 敬乂嘉.控制与赋权:中国政府的社会组织发展策略[J].学海,2016(1):22-33.

[39] 景跃进.将政党带进来——国家与社会关系范畴的反思与重构[J].探索与争鸣,2019(8):85-100,198.

[40] 匡立波,黄渊基."互联网+"背景下社会资本"弱关系"与脱贫路径创新研究——基于湘西北"微善风"民间助学慈善组织的考察[J].学习与探索,2017(3):48-56.

[41] 李建.社会组织如何开展党建——以绿色浙江为例[J].中华环境,2017(4):29-31.

[42] 李健,陈淑娟.如何提升非营利组织与企业合作绩效?——基于资源依赖与社会资本的双重视角[J].公共管理学报,2017(2):71-80,156.

[43] 李健,郭薇.资源依赖、政治嵌入与能力建设——理解社会组织党建的微观视角[J].探索,2017(5):121-127.

[44] 李朔严.政党统合的力量:党、政治资本与草根NGO的发展——基于Z省H市的多案例比较研究[J].社会,2018(1):160-185.

[45] 李朔严,王名.政党统合与基层治理中的国家—社会关系[J].经济社会体制比较,2021(2):171-180.

[46] 李晓翔,刘春林.自然灾难管理中的跨组织合作——基于社会弱

点的视角[J].公共管理学报,2010(1):73-84,126-127.

[47] 李奕,胡丹青.区块链在社会公益领域的应用实践[J].信息技术与标准化,2017(3):25-27,30.

[48] 林尚立.两种社会建构:中国共产党与非政府组织[J].中国非营利评论,2007(1):1-14.

[49] 刘灿华.社会治理智能化:实践创新与路径优化[J].电子政务,2021(3):49-60.

[50] 刘春湘,江润洲.社会组织在基层治理新格局中的作用[J].湖南科技大学学报(社会科学版),2021(4):164-171.

[51] 刘杰.党政关系的历史变迁与国家治理逻辑的变革[J].社会科学,2011(12):4-11.

[52] 刘培功.社会治理共同体何以可能:跨部门协同机制的意义与建构[J].河南社会科学,2020(9):17-24.

[53] 刘鹏.从分类控制走向嵌入型监管:地方政府社会组织管理政策创新[J].中国人民大学学报,2011(5):91-99.

[54] 刘琼莲.新时代社会治理共同体的秩序发展与活力培育[J].行政论坛,2021(5):96-104.

[55] 娄缤元,夏建中.从个人到社会:社会资本理论研究取向的转变[J].新视野,2013(5):103-106.

[56] 栾晓峰."社会内生型"社会组织孵化器及其建构[J].中国行政管理,2017(3):44-50.

[57] 马迎贤.组织间关系:资源依赖理论的历史演进[J].社会,2004(7):33-38.

[58] 孟天广."技术赋能"与"技术赋权"双重驱动的数字政府转型[N].中国社会科学报,2021-01-15.

[59] 孟天广.政府数字化转型的要素、机制与路径——兼论"技术赋

能"与"技术赋权"的双向驱动[J].治理研究,2021(1):5-14.

[60] 倪咸林.政府购买社会组织服务监管:从碎片化走向整体性[J].理论与改革,2016(5):112-117.

[61] 彭善民.枢纽型社会组织建设与社会自主管理创新[J].江苏行政学院学报.2012,(1):64-67.

[62] 彭善民,陈相云.保护型经纪:社会组织服务中心参与基层社会治理的角色实践[J].福建论坛(人文社会科学版),2019(6):186-192.

[63] 施雪华."服务型政府"的基本涵义、理论基础和建构条件[J].社会科学,2010(2):3-11,187.

[64] 石大建,李向平.资源动员理论及其研究维度[J].广西师范大学学报:哲学社会科学版,2009(6):22-26.

[65] 沈永东.社会组织推动城乡区域协调的体制机制与政策支撑——基于浙江共同富裕示范区建设经验[J].探索与争鸣,2021(11):27-29,177.

[66] 沈永东,毕荟蓉.推动共同富裕进程中行业协会商会的新定位[J].浙江工商大学学报,2022(1):93-101.

[67] 沈永东,应新安.行业协会商会参与社会治理的多元路径分析[J].治理研究,2020(1):16-23.

[68] 沈永东,虞志红.政府资助影响社会组织非政府渠道筹资收入——基于中国3016家基金会的实证研究[J].经济社会体制比较,2019(4):128-137.

[69] 沈永东,虞志红.社会组织党建动力机制问题:制度契合与资源拓展[J].北京行政学院学报,2019(6):13-21.

[70] 宋程成.从公益创投到创造性治理——基于江南县实践的制度分析[J].公共管理学报,2021(1):90-101,172.

[71] 宋晓清,沈永东.技术赋能:互联网时代行业协会商会的组织强

化与功能重构[J].中共浙江省委党校学报,2017(2):14-23.

[72] 苏曦凌.政府与社会组织关系演进的历史逻辑[J].政治学研究,2020(2):76-89,127-128.

[73] 孙柏瑛,蔡磊.十年来基层社会治理中党组织的行动路线——基于多案例的分析[J].中国行政管理,2014(8)：57-61,80.

[74] 唐代盛,李敏,边慧敏.中国社会组织人力资源管理的现实困境与制度策略[J].中国行政管理,2015(1):62-67.

[75] 唐文玉,马西恒.去政治的自主性:民办社会组织的生存策略——以恩派(NPI)公益组织发展中心为例[J].浙江社会科学,2011(10):58-65,89,157.

[76] 唐有财,王小彦,权淑娟.社区基金会的本土实践逻辑、治理结构及其潜在张力[J].社会建设,2019(1):64-74.

[77] 田蓉,王丽丽.我国政府主导型社区基金会供需理论视角分析——以南京为例[J].中国行政管理,2018(12):55-60.

[78] 汪大海,刘金发.政府支出与慈善捐赠的挤出效应研究——基于2003—2010年中国省市面板数据[J].中国市场,2012(50):48-55.

[79] 汪锦军.公共服务中的政府与非营利组织合作:三种模式分析[J].中国行政管理,2009(10):77-80.

[80] 汪锦军.合作治理的构建:政府与社会良性互动的生成机制[J].政治学研究,2015(4):98-105.

[81] 王克强,马克星,刘红梅.政府购买社会组织服务项目的绩效评价经验、问题及提升战略——基于上海市的调研访谈[J].中国行政管理,2019(7):42-47.

[82] 王名,蔡志鸿,王春婷.社会共治:多元主体共同治理的实践探索与制度创新[J].中国行政管理,2014(12)：16-19.

[83] 王名,孙伟林.社会组织管理体制:内在逻辑与发展趋势[J].中

国行政管理,2011(7):16-19.

[84]王诗宗,宋程成.独立抑或自主:中国社会组织特征问题重思[J].中国社会科学,2013(5):50-66,205.

[85]王世强.政府对非营利组织的分类管理模式研究[J].行政论坛,2013(3):90-93.

[86]王向民,李小艺,肖越.当前中国的社会组织培育发展研究:从结构分析到过程互动[J].华东师范大学(哲学社会科学版),2018(6):108-120.

[87]王兴彬.社会组织改革发展迈入新时代[J].中国社会组织,2019(7):6-8.

[88]王雁红.从双重管理到分类管理:我国社会组织管理的制度变迁与路径创造[J].江苏社会科学,2018(6):76-85.

[89]王杨.结构功能主义视角下党组织嵌入社会组织的功能实现机制——对社会组织党建的个案研究[J].社会主义研究,2017(2):119-126.

[90]王益民.全球电子政务发展前沿与启示——《2020联合国电子政务调查报告》解读[J].行政管理改革,2020(12):43-49.

[91]吴结兵,沈台凤.社会组织促进居民主动参与社会治理研究[J].管理世界,2015(8):58-66.

[92]吴磊,谢璨夷.社会组织与企业的合作模式、实践困境及其超越——基于资源依赖视角[J].广西社会科学,2019(9):44-49.

[93]吴强玲,祝晓龙.政府与支持型社会组织良性互动关系研究——基于上海浦东公益组织发展中心(NPI)的个案观察[J].党政论坛,2013(10):34-36.

[94]吴显华,欧阳凤莲,黄晓瑞.构建社会组织参与社会管理的协同机制——基于能力、信任、增权和资源的视角[J].学会,2014(7):15-23.

[95] 吴晓林.党如何链接社会:城市社区党建的主体补位与社会建构[J].学术月刊,2020(5):72-86.

[96] 吴新叶.执政党与非政府组织:理论的超越与现实的路径——以超越"国家—社会"范式的视角[J].学术论坛,2006(12):50-54,124.

[97] 谢忠文.当代中国社会治理的政党在场与嵌入路径——一项政党与社会关系调适的研究[J].西南大学学报(社会科学版),2015(4):41-46,189.

[98] 肖红军,阳镇.新中国70年企业与社会关系演变:进程、逻辑与前景[J].改革,2019(6):5-19.

[99] 熊会兵,肖文韬,邓新明.企业政治战略与经济绩效:基于合法性视角[J].中国工业经济.2010(10):138-147.

[100] 徐顽强,李敏.公益组织嵌入精准扶贫行动的生态网络构建[J].西北农林科技大学学报(社会科学版),2019(3):43-53.

[101] 徐宇珊.社会组织结构创新:支持型机构的成长[J].社团管理研究,2010(8):22-25.

[102] 徐越倩,张倩.社会组织党建与业务融合何以可能——基于动力-路径的分析[J].北京行政学院学报,2019(6):22-30.

[103] 许鹿,罗凤鹏,王诗宗.组织合法性:地方政府对社会组织选择性支持的机制性解释[J].江苏行政学院学报,2016(5):100-108.

[104] 许小玲,马贵侠.社会组织培育:动因、困境及前瞻[J].理论与改革,2013(5):39-43.

[105] 薛小荣.重大公共卫生事件中市域社会治理的数字赋能[J].江西师范大学学报(哲学社会科学版),2020(3):20-26.

[106] 叶成臣,周丽.制度变迁视角下的政府与社会组织关系:演变历程及其逻辑[J].安徽行政学院学报,2019(1):91-96.

[107] 余敏江,李粤昊.中国共产党探索社会治理现代化的百年历

程——以注意力资源配置为视角[J].理论探讨,2021(5):12-19.

[108] 余永龙,刘耀东.游走在政府与社会组织之间——枢纽型社会组织发展研究[J].探索,2014(2):154-158.

[109] 郁建兴.发挥政府在数字化改革中的关键作用[N].法治日报.2021-03-03.

[110] 郁建兴.加速推进数字化改革 全面提高政府治理现代化水平[J].今日科技,2021(3):36-38.

[111] 郁建兴,高翔.地方发展型政府的行为逻辑及制度基础[J].中国社会科学,2012(5):95-112.

[112] 郁建兴,任杰.中国基层社会治理中的自治、法治与德治[J].学术月刊,2018(12):64-74.

[113] 郁建兴,任杰.社会治理共同体及其实现机制[J].政治学研究,2020(1):45-56,125-126.

[114] 郁建兴,沈永东.调适性合作:十八大以来中国政府与社会组织关系的策略性变革[J].政治学研究,2017(3):34-41.

[115] 郁建兴,谈婕.行业协会人力资源困境的突破及其风险[J].行政论坛,2016(6):53-60.

[116] 郁建兴,滕红燕.政府培育社会组织的模式选择:一个分析框架[J].政治学研究,2018(6):42-52,127.

[117] 袁纯清.共生理论及其对小型经济的应用研究(上)[J].改革,1998(2):100-104.

[118] 曾楚宏,朱仁宏,李孔岳.基于战略视角的组织合法性研究[J].外国经济与管理,2008(2):9-15.

[119] 詹成付.在开启全面建设社会主义现代化国家新征程上我国社会组织的历史使命[J].中国社会组织,2021(1):6-14.

[120] 张广利,孙贵霞.普遍信任的缺失与培育:社会资本视角的分

析[J].华东理工大学学报(社会科学版),2006(3):1-6.

[121] 张静.通道变迁:个体与公共组织的关联[J].学海,2015(1):50-58.

[122] 张丽娜.城市社区治理中的政府、企业、社会组织跨部门合作——以苏州正荣书院项目为例[J].陕西行政学院学报,2019(1):12-16.

[123] 张克兵.基层党建科学化视域下党员规训问题探析[J].社科纵横(新理论版),2012(4):28-30.

[124] 张乾友.论政府在社会治理行动中的三项基本原则[J].中国行政管理,2014(6):55-59.

[125] 张冉.社会转型期我国非营利组织声誉研究:危机溯源与重塑路径[J].浙江大学学报(人文社会科学版),2014(1):100-112.

[126] 张文礼.合作共强:公共服务领域政府与社会组织关系的中国经验[J].中国行政管理,2013(6):7-11.

[127] 张之沧.论福柯的"规训与惩罚"[J].江苏社会科学,2004(4):25-30.

[128] 张翼.社会发展、结构变迁与社会治理——"十四五"社会治理需关注的重大问题[J].中国特色社会主义研究,2020(3):5-13.

[129] 赵长芬.社会组织党建的政治功能论析[J].探索,2018(1):138-143.

[130] 赵天娥,史献芝.社会管理创新:基于治理理论视角的逻辑分析[J].学习论坛,2013(6):67-69.

[131] 赵小平,毛佩瑾.公益领域中的"市场运作":社会组织建构社区社会资本的机制创新[J].中国行政管理,2015(11):61-66.

[132] 钟智锦,李艳红.新媒体与NGO:公益传播中的数字鸿沟现象研究[J].思想战线,2011(6):112-117.

[133] 周军.多重失灵与优势整合:跨部门合作网络何以创造公共价

值？［J］.学海,2020(3):66-73.

［134］周俊.行业组织政策倡导:现状、问题与机制建设［J］.中国行政管理,2009(9):91-96.

［135］周俊.突发公共卫生事件中的政府动员与社会组织回应——基于新冠疫情防控的混合研究［J］.河海大学学报(哲学社会科学版),2021(3):46-53.

［136］周俊,毕荟蓉.互联网募捐中的组织和平台特征及其影响——基于第一批公募信息平台上 349 个公益项目的研究［J］.中国第三部门研究,2018(1):3-21,198-199.

［137］周俊,赵晓翠.以人为本的组织赋权:社会组织如何赋权帮扶对象——以 L 基金会的"新力优品计划"为例［J］.学习与实践,2022(1):98-108.

［138］周文辉,邓伟,陈凌子.基于滴滴出行的平台企业数据赋能促进价值共创过程研究［J］.管理学报,2018(8):1110-1119.

［139］周秀平,刘求实.以社管社——创新社会组织管理制度［J］.中国非营利评论,2011(7):55-70.

［140］朱前星.社会治理现代化视角下的中国共产党社会整合功能调适［J］.湖南师范大学社会科学学报,2018(4):10-17.

［141］竺乾威.新公共治理:新的治理模式？［J］.中国行政管理,2016(7):132-139.

［142］祝建兵.支持型社会组织在社会治理中的角色定位［J］.中共福建省委党校学报.2016,(2):44-50.

英文论文

［1］Ackland,R. & O'Neil,M. (2011). Online collective identity: The case of the environmental movement. *Social Networks*,33(3),

177-190.

［2］Aldrich，H. E. & Fiol，C. M. （1994）. Fools rush in? The institutional context of industry creation. *Academy of Management Review*，19（4），645-670.

［3］Ali，T. （2016）. Government funding to the NGOs：A blessing or a curse. *International Journal of Research in Business and Social Science*，5（6），51-61.

［4］Ansell，C. & Gash，A. （2017）. Collaborative platforms as a governance strategy. *Journal of Public Administration Research and Theory*，28（1），16-32.

［5］Ansell，C. & Miura，S . （2019）. Can the power of platforms be harnessed for governance?. *Public Administration*，98（1），261-276.

［6］Austin，J. E. （2000）. Strategic collaboration between nonprofits and businesses. *Nonprofit and Voluntary Sector Quarterly*，29（1_suppl），69-97.

［7］Austin，J. E. & Seitanidi，M. M. （2012）. Collaborative value creation：A review of partnering between nonprofits and businesses. Part 2：Partnership processes and outcomes. *Nonprofit and Voluntary Sector Quarterly*，41（6），929-968.

［8］Barney，J. （1991）. Firm resources and sustained competitive advantage. *Journal of management*，17（1），99-120.

［9］Battilana，J. ，Leca，B. & Boxenbaum，E. （2009）. How actors change institutions：Towards a theory of institutional entrepreneurship. *Academy of Management Annals*，3（1），65-107.

［10］Bazerman，M. H. & Schoorman，F. D. （1983）. A limited rationality model of interlocking directorates. *Academy of Management Review*，8（2），206-217.

[11] Bortree, D. S. & Seltzer, T. (2009). Dialogic strategies and outcomes: An analysis of environmental advocacy groups' Facebook profiles. *Public Relations Review*, 35(3), 317-319.

[12] Bovaird, T. (2007). Beyond engagement and participation: user and community coproduction of public services. *Public Administration Review*, 67(5),846-860.

[13] Bovaird, T. , Van Ryzin, G. G. , Loeffler, E. & Parrado, S. (2015). Activating Citizens to Participate in Collective Co-Production of Public Services. *Journal of Social Policy*,44(1) ,1-23.

[14] Brinkerhoff, J. M. (2002). Government-nonprofit partnership: A defining framework. *Public Administration and Development: The International Journal of Management Research and Practice*, 22(1),19-30.

[15] Briones, R. L. , Kuch, B. , Liu, B. F. & Yan, J. (2011). Keeping up with the digital age: How the American red cross uses social media to build relationships. *Public Relations Review*, 37(1), 37-43.

[16] Brown, L. D. & Kalegaonkar, A. (2002). Support organizations and the evolution of the NGO sector. *Nonprofit & Voluntary Sector Quarterly*, 31(2), 231-258.

[17] Brudney J. L. & England R. E. (1983). Toward a definition of the coproduction concept. *Public Administration Review*, 43(1) ,59-65.

[18] Bryson, J. M. , Crosby, B. C. & Stone, M. M. (2010). The design and implementation of cross - sector collaborations: propositions from the literature. *Public Administration Review*, 66(S1), 44-55.

[19] Bryson, J. M. , Crosby, B. C. & Bloomberg, L. (2014). Public value governance: Moving beyond traditional public administration and the new public management. *Public Administration Review*, 74(4),

445-456.

[20] Campbell, D. A., Lambright, K. T., & Wells, C. J. (2014). Looking for friends, fans, and followers? Social media use in public and nonprofit human services. *Public Administration Review*, 74(5), 655-663.

[21] Casey, J. & Dalton, B. (2006). The best of times, the worst of times: Community-sector advocacy in the age of 'compacts'. *Australian Journal of Political Science*, 41(1), 23-38.

[22] Chadefaux, T. (2014). Early warning signals for war in the news. *Journal of Peace Research*, 51(1), 5-18.

[23] Cheong, P. H. & Yang, A. (2017). Chinese non-governmental organizations, media, and culture: communication perspectives, practices, and provocations. *Chinese Journal of Communication*, 10(1), 1-11.

[24] Ciborra, C. U. (1996). The platform organization: recombining strategies, structures, and surprises. *Organization Science*, 7(2), 103-118.

[25] Connick, S. & Innes, J. E. (2003). Outcomes of collaborative water policy making: Applying complexity thinking to evaluation. *Journal of Environmental Planning and Management*, 46(2), 177-197.

[26] Connor, J. A., Kadel-Taras, S. & Vinokur-Kaplan, D. (1999). The role of nonprofit management support organizations in sustaining community collaborations. *Nonprofit Management and Leadership*, 10(2), 127-136.

[27] Cooke, P. (2007). To construct regional advantage from innovation systems first build policy platforms. *European Planning Studies*, 15(2), 179-194.

［28］ Dacin，M. T. , Oliver，C. & Roy，J. P. （2007）. The legitimacy of strategic alliances: An institutional perspective. *Strategic Management Journal*，28(2)，169-187.

［29］ Daggio，P. & Powell W. （1983）. The iron cage revisited: Institutional isomorphism and collective rationality in organizational fields. *American Sociological Review*，48(2)，147-160.

［30］ Dai，J. , Zeng，F. & Wang，Y. （2017）. Publicity strategies and media logic: Communication campaigns of environmental NGOs in China. *Chinese Journal of Communication*，10(1)，1-16.

［31］ Daly，S. （2008）. Institutional innovation in philanthropy: Community foundations in the UK. *International Journal of Voluntary and Nonprofit Organizations*，19(3)，219-241.

［32］ De Wit，A. , Neumayr，M. , Handy，F. & Wiepking，P. （2018）. Do government expenditures shift private philanthropic donations to particular fields of welfare? Evidence from cross-country data. *European Sociological Review*，34(1)，1-16.

［33］ DiMaggio，P. J. & Powell，W. W. （1983）. The iron cage revisited: Institutional isomorphism and collective rationality in organisational fields. *American Sociological*，48，147-160.

［34］ Doerfel，M. L. & Taylor，M. （2017）. The story of collective action: The emergence of ideological leaders, collective action network leaders, and cross-sector network partners in civil society. *Journal of Communication*，67(6)，920-943.

［35］ Galaskiewicz，J. （1999）. Private funds, public purpose: Philanthropic foundations in international perspective. *Administrative Science Quarterly*，46(2)，356-358.

[36] Granovetter, M. S. (1973). The strength of weak ties. *American Journal of Sociology*, 78(6), 1360-1380.

[37] Guo, C. & Saxton, G. D. (2010). Voice-in, voice-out: Constituent participation and nonprofit advocacy. *Nonprofit Policy Forum*, 1(1), 1-25.

[38] Guo, C. & Saxton, G. D. (2014). Tweeting social change: How social media are changing nonprofit advocacy. *Nonprofit and Voluntary Sector Quarterly*, 43(1), 57-79.

[39] Guo, C. & Saxton, G. D. (2018). Speaking and being heard: How nonprofit advocacy organizations gain attention on social media. *Nonprofit and Voluntary Sector Quarterly*, 47(1), 5-26.

[40] Granovetter, M. (1973). The Strength of weak ties. *The American Journal of Sociology*, 78(6), 1360-1380.

[41] Hansman, H. (1980). The role of nonprofit enterprise. *Yale Law Journal*, 89(3), 825-901.

[42] Hardy, C. & Leiba-O'Sullivan, S. . (1998). The power behind empowerment: Implications for research and practice. *Human Relations*, 51(4), 451-483.

[43] Harmaakorpi, V. , Cooke, P. & Albrechts, L. (2005). Regional Development Platform Method (RDPM) as a tool for regional innovation policy-super-1. *European Planning Studies*, 14, 1085-104.

[44] Herzberg, F. (1964). The motivation hygiene concept and problems of manpower. *Personnel Administration*, 27(1), 3-7.

[45] Hildebrandt, T. (2011). The political economy of social organization registration in China. *The China Quarterly*, (208), 970-989.

[46] Hughes, P. , Luksetich, W. & Rooney, P. (2014).

Crowding-out and fundraising efforts. *Nonprofit Management & Leadership*, 24(4), 445-464.

[47] Ingenhoff, D. & Koelling, A. M. (2010). Web sites as a dialogic tool for charitable fundraising NPOs: A comparative study. *International Journal of Strategic Communication*, 4(3), 171-188.

[48] Janssen, M. & Estevez, E. (2013). Lean government and platform-based governance—doing more with less. *Government Information Quarterly*, 30(supp_S1), S1-S8.

[49] Janowski, T. , Estevez, E. & Baguma, R. (2018). Platform governance for sustainable development: Reshaping citizen-administration relationships in the digital age. *Government Information Quarterly*, 35(4),S1-S16.

[50] Wu, J. , Ma, L. & Yang, Y. (2013). Innovation in the Chinese public sector: Typology and distribution. *Public Administration*, 91(2),347-365.

[51] Jing, Y. (2015). Between control and empowerment: Governmental strategies towards the development of the non-profit sector in China. *Asian Studies Review*, 39(4), 589-608.

[52] Johnson, J. M. & Ni, N. (2015). The impact of political connections on donations to Chinese NGOs. *International Public Management Journal*, 18(4),514-535.

[53] Josh, G. & Maggie, M. A. (2009). NPO 2.0? Exploring the web presence of environmental nonprofit organizations in Canada. *Global Media Journal Canadian Edition*,2(1), 63-88.

[54] Jung, T. , Harrow, J. & Phillips, S. D. (2013). Developing a better understanding of community foundations in the UK's localisms.

Policy & Politics，41(3)，409-427.

[55] Kang，S. & Norton，H. E. (2004). Nonprofit organizations' use of the world wide web: Are they sufficiently fulfilling organizational goals? *Public Relations Review*，30(3)，279-284.

[56] Kanter，R. M. (1979). Power failure in management circuit. *Harvard Busvness ReView*，57(4)，65-75.

[57] Levine，C. H. & Fisher G. (1984). Citizenship and service delivery: The promise of coproduction. *Public Administration Review*，(44)，178-189.

[58] Linders，D. (2012). From e-government to we-government: Defining a typology for citizen coproduction in the age of social media. *Government Information Quarterly*，29，446-454.

[59] Ling，C. L. M. ，Pan，S. L. ，Ractham，P. & Kaewkitipong，L. (2015). ICT-enabled community empowerment in crisis response: Social media in Thailand flooding 2011. *Journal of the Association for Information Systems*，16(3)，174-212.

[60] Ljubownikow，S. & Crotty，J. (2015). Civil society in a transitional context: The response of health and educational NGOs to legislative changes in Russia's industrialized regions. *Nonprofit and Voluntary Sector Quarterly*，43(4)，759-776.

[61] Lovejoy，K. & Saxton，G. D. (2011). Information, community，and action: How nonprofit organizations use social media. *Journal of Computer-Mediated Communication*，17(3)，337-353.

[62] Lovejoy，K. ，Waters，R. & Saxton，G. D. (2012). Engaging stakeholders through twitter: How nonprofit organizations are getting more out of 140 characters or less. *Social Science Electronic Publishing*，

38(2), 313-318.

[63] Lu, J. & Dong, Q. (2018). What influences the growth of the Chinese nonprofit sector: A prefecture-level study. *VOLUNTAS: International Journal of Voluntary and Nonprofit Organizations*, 29 (6): 1347-1359.

[64] Luksetich, W. (2008). Government funding and nonprofit organizations. *Nonprofit and Voluntary Sector Quarterly*, 37 (3), 434-442.

[65] Luo, B. & Zhan, S. (2018). Crossing the river by feeling for the stones: Contesting models of marketization and the development of China's long-term care services. *Journal of Chinese Governance*, 3(4), 438-460.

[66] Mansell, R. (2016). Power, hierarchy, and the internet: Why the internet empowers and disempowers. *The Global Studies Journal*, 9 (2), 19-25.

[67] Mccarthy, J. & Zald, M. (1977). Resource mobilization and social movements: A partial theory. *American Journal of Sociology*, 82 (6),1212-1241.

[68] Meadows-Klue, D. (2008). Opinion piece: Falling in love 2.0: Relationship marketing for the Facebook generation. *Journal of Direct Data & Digital Marketing Practice*, 9(3), 245-250.

[69] Mosley, J. E. (2009). Institutionalization, privatization, and political opportunity: What tactical choices reveal about the policy advocacy of human service nonprofits. *Nonprofit and Voluntary Sector Quarterly*, 38(6), 435-457.

[70] Nabatchi, T. , Sancino, A. & Sicilia, M. (2017). Varieties of

participation in public services: The who, when, and what of coproduction. *Public Administration Review*, 77(5), 766-776.

[71] Nah, S. & Saxton, G. D. (2013). Modeling the adoption and use of social media by nonprofit organizations. *Social Science Electronic Publishing*, 15(2), 294-313.

[72] Ni, N. & Zhan, X. (2017). Embedded government control and nonprofit revenue growth. *Public Administration Review*, 77 (5), 730-742.

[73] Omar, A. T., Leach, D. & March, J. (2014). Collaboration between nonprofit and business sectors: A framework to guide strategy development for nonprofit organizations. *VOLUNTAS: International Journal of Voluntary and Nonprofit Organizations*, 25(3), 657-678.

[74] Osborne, S. P., Radnor, Z. & Nasi, G. (2013). A new theory for public management? Toward a (Public) service-dominant approach. *The American Review of Public Administration*, 43 (2), 135-158.

[75] Ostrom, E. (1996). Crossing the great divide: Coproduction, synergy, and development. *World Development*, 24(6), 1073-1087.

[76] Padiila, Y. C. & Daigle, L. E. (1998). Inter-agency collaboration in an international setting. *Administration in Social Work*, 22(1), 65-81.

[77] SVenssm, P., Mahoney, T. & Hambvick, M. E., & (2014). Twitter as a communication tool for nonprofits. *Nonprofit and Voluntary Sector Quarterly*, 44(6),1086-1106.

[78] Peters, B. G. & Pierre, J. (1998). Governance without government? Rethinking public administration. *Journal of Public*

Administration Research and Theory, 8(2), 223-243.

[79] Putnam, R. (1995). Bowling alone: America's declining social capital[J]. *Journal of Democracy*, 6(1),65-78.

[80] Qi, L. & Guo, J. (2017). Understanding government purchasing public services in China: Case study of Guangdong and Yunnan. *American Journal of Industrial and Business Management*, 7(3), 312-327.

[81] Reilly, T. (1998). Communities in conflict: Resolving differences through collaborative efforts in environmental planning and human service delivery. *Journal of Sociology & Social Welfare*, 25(3), 117-144.

[82] Saffer, A. J. , Sommerfeldt, E. J. & Taylor, M. (2013). The effects of organizational Twitter interactivity on organization-public relationships. *Public Relations Review*, 39(3), 213-215.

[83] Salamon, L. M. (1987). Of market failure, voluntary failure, and third-party government: Toward a theory of government-nonprofit relations in the modern welfare state. *Nonprofit and Voluntary Sector Quarterly*, 16(1-2), 29-49.

[84] Saxton, G. D. & Brown, G. W. A. (2007). New dimensions of nonprofit responsiveness: The application and promise of internet-based technologies. *Public Performance & Management Review*, 31(2), 144-173.

[85] Sharp, & E. , B. (1980). Toward a new understanding of urban services and citizen participation: The coproduction concept. *American Review of Public Administration*, 14(2), 105-118.

[86] Shen, Y. , Yu, J. , Li, Y. & Huang, B. (2019). Government funding and nonprofit revenues in China: A cross-regional comparison. *Public*

Performance & Management Review,42(6),1372-1395.

[87] Shen, Y. , Yu, J. & Zhou, J. (2020). The administration's retreat and the Party's advance in the new era of Xi Jinping: The politics of the ruling Party, the government, and associations in China. *Journal of Chinese Political Science*, 25(1), 71-88.

[88] Singh, J. V. , Tucker, D. J. & House, R. J. (1986). Organizational legitimacy and the liability of newness. *Administrative Science Quarterly*, 171-193.

[89] Smith, S. R. , Grnbjerg, K. A. & Lu, J. (2018). Organizational antecedents of nonprofit engagement in policy advocacy: A meta-analytical review. *Nonprofit and Voluntary Sector Quarterly*, 47(4_suppl), 177S-203S.

[90] Stephan, M. (2007). Do subsidies increase charitable giving in the long run? Matching donations in a field experiment. *Journal of the European Economic Association*,5(6), 1203-1222.

[91] Suchman, M. C. (1995). Managing legitimacy: Strategic and institutional approaches. *Academy of Management Review*, 20 (3), 571-610.

[92] Teets, J. (2018). The power of policy networks in authoritarian regimes: Changing environmental policy in China. *Governance*, 31(1), 125-141.

[93] Thornton P. (2013). The Advance of the Party: Transformation or takeover of urban grassroots society?. *The China Quarterly*, (213), 1-18.

[94] Walter, U. M. & Petr, C. G. (2000). A template for family-centered interagency collaboration. *Families in Society*, 81(5), 494-503.

[95] Wang, Y. & Zhao, Z. J. (2018). Performance of public-private partnerships and the influence of contractual arrangements. *Public Performance & Management Review*, 41(1-2), 177-200.

[96] Yang, A. , Uysal, N. & Taylor, M. (2018). Unleashing the power of networks: Shareholder activism, sustainable development and corporate environmental policy. *Business Strategy and the Environment*, 27(6), 712-727.

[97] Yoo, S. C. & Drumwright, M. (2018). Nonprofit fundraising with virtual reality. *Nonprofit Management & Leadership*, 29(1), 11-27.

[98] Yu, J. , Shen, Y. & Li, Y. (2021). Understanding the effect of central government funding on the service and advocacy roles of nonprofit organizations in China: A cross-regional comparison. *Nonprofit and Voluntary Sector Quarterly*, 50(1),186-212.

[99] Yu, J. , Yashima, K. & Shen, Y. (2014). Autonomy or privilege? Lobbying intensity of local business associations in China. *Journal of Chinese Political Science*, 19(3),315-333.

[100] Farrow H. & Yuan, Y. C. (2011). Building stronger ties with alumni through Facebook to increase volunteerism and charitable giving. *Journal of Computer-Mediated Communication*, 16(3), 445-464.

[101] Zhang, Z. & Guo, C. (2012). Advocacy by Chinese nonprofit organizations: Towards a responsive government? *Australian Journal of Public Administration*,71(2),221-232.

[102] Zhao, R. , Wu, Z. & Tao, C. (2016). Understanding service contracting and its impact on NGO development in China. *VOLUNTAS: International Journal of Voluntary and Nonprofit Organizations*, 27(5),2229-2251.

[103] Zimmerman，M. A. & Zeitz，G. J. (2002). Beyond survival: Achieving new venture growth by building legitimacy. *Academy of Management Review*，27(3)，414-431.

后　记

　　自 2009 年开始,我一直致力于社会组织与社会治理研究。尽管 2008 年汶川地震让政府与社会对社会组织的重要作用和价值有了里程碑意义的认知,但在当时这还是一个非常小众的研究领域。党的十八届三中全会审议通过的《中共中央关于全面深化改革若干重大问题的决定》首次使用"社会治理"概念,并提出了"激发社会组织活力,正确处理政府和社会关系,加快实施政社分开,推进社会组织明确权责、依法自治、发挥作用"的改革思路,自此社会组织参与社会治理的理论与实践探索得到较大规模的关注与实质性推进。党的十九大提出"党委领导、政府负责、社会协同、公众参与、法治保障的社会治理体制",到党的十九届四中全会提出"完善党委领导、政府负责、民主协商、社会协同、公众参与、法治保障、科技支撑的社会治理体系,建设人人有责、人人尽责、人人享有的社会治理共同体",进一步丰富了社会治理的内涵,实现了从社会治理体制到社会治理体系的重要转变。党的二十大提出"完善社会治理体系,健全共建共治共享的社会治理制度,提升社会治理效能,畅通和规范群众诉求表达、利益协调、权益保障通道,建设人人有责、人人尽责、人人享有的社会治理共同体",在中国式现代化进程中进一步完善中国特色社会主义社会治理体系。作为社会治理共同体的重要一员,社会组织的角色与作用往往被忽视,实践中很多地方政府甚至认为社会组织可有可无。然而,我国社会组织从无到有,正在经历从数量增长到质量提升，从高度依附到独立自主，从辅助行业管理到参与社会治理的重要转型，社会组织正成为当前我国社会治理体系建设中的重要力量。

我对中国社会组织参与社会治理的关注，源自对"浙江现象"的兴趣。浙江是一个资源小省，远离政治中心北京，毗邻经济金融中心上海，只能通过发展民营经济、加强地方创新、培育社会力量等方式奋力崛起。作为一名浙江人，我为"浙江现象"中民间社会力量的"私序"与"公序"所着迷。作为一名公共管理研究者，我十分关注浙江社会组织：它如何参与社会治理？它与全国其他先发地区如广东、北京、上海、四川等省市之间有什么相似与差异之处？不同省市的共同点又是如何勾勒出社会组织参与社会治理创新的"中国现象"？这对西方国家与发展转型国家的既有理论和实践又有何贡献？基于对这些问题的探究，我以行业协会商会作为社会组织的一类"麻雀"进行了细致解剖，完成了我学术生涯中的第一部专著《中国行业协会商会政策参与：国家与社会关系视角的考察》，荣获"浙江省第二十一届哲学社会科学优秀成果奖"一等奖。

之后，我将社会组织的研究对象从行业协会商会扩展到社区社会组织、基金会、社会服务机构（民办非企业单位）、环境科技类协会社团等，调研地点也从浙江扩展到了北京、上海、广东、四川、江苏等全国各省市。2015—2017年，我在挪威奥斯陆大学开展关于社会组织与公民参与环境治理的博士后研究，重点关注环保类社会组织如绿色和平、自然之友、绿色浙江、公众环境中心（蔚蓝地图）等如何参与环境治理，相关论文发表在英文期刊 *The China Quarterly*，*The Environmental Science and Policy*，*Journal of Chinese Governance*；2018年，我与团队成员前往北京、上海、广州、深圳、成都等地对社区社会组织和社会企业等党建引领发展、政府培育支持与支持型社会组织网络构建就话题展开了深入调研，相关中英文论文发表在 *Public Performance & Management Review*，*Journal of Chinese*

Political Science,《经济社会体制比较》和《北京行政学院学报》;2019 年,受基金会中心网总裁程刚老师的委托,我组织浙江大学社会治理研究院和基金会中心网的团队成员对北京、上海、杭州、宁波、深圳、成都等的 20 余家基金会展开了实地调研和线上访谈,并与当地民政部门相关领导探讨了基金会发展的地方特色成因,如基金会发展的"浙江现象"和"深圳现象",形成了《中国基金会发展独立研究报告(2019)》;2020 年新冠肺炎疫情暴发以来,我和团队成员前往浙江省各地市展开不同社会组织参与疫情防控的调研,形成的中英文论文分别发表在了 *Public Administration Review* ,*Public Management Review*,*Nonprofit and Voluntary Sector Quarterly*,以及《经济社会体制比较》《中国非营利评论》《上海行政学院学报》等中英文期刊上;2021 年初,基于对社会组织参与社会治理的多年调研和观察,我基本形成了中国社会组织参与社会治理的分析框架,并开始了本书的写作。

在本书中,我试图从政策理论与实践经验两个层面加以设计,对社会组织参与社会治理创新这一核心议题从理论基础、党建引领、政府培育、支持型社会组织发展、跨部门合作、数字赋能、未来发展等多方位加以考察与论证。在每一个章节中,除了对理论流派、机制机理、模式选择、有效路径等内容加以学理化阐释外,书中还引入一个个短小精悍的案例在学理阐释后加以说明,同时,我还在每个章节结束后精心挑选了完整案例与案例分析题,以帮助读者更好地理解每一个章节的核心观点。将理论与实践相勾连的设计安排源自我在调研过程中的深切感受:一方面,我们高校学者饱读国内外关于社会组织参与社会治理的理论文献,却无法深刻领会到中国社会组织在实务开展过程中所遇到的重重困境与富有智慧的解决之道;另一方面,社会组织与党政实务者掌握了大量细致而又碎片化的工作方法,但无法领悟到处理这些事务背后的理论规律与不二法门。

本书由沈永东形成分析框架与写作思路并执笔开展写作,团队其他成员积极参与本书各章节的素材搜集与资料汇总。其中,陈天慧(浙江大学)

参与第一章；王凯文（浙江大学）参与第二章；毕荟蓉（浙江大学）、虞志红（浙江大学）、赖艺轩（浙江大学）参与第三章；袁彦鹏（浙大宁波理工学院）参与第四章；应新安（浙江大学）、王君妍（浙江大学）参与第五章；毕荟蓉参与第六章。卢艳齐（南昌大学）帮忙编制整理了本书目录与参考文献。在此，我要特别感谢我的团队成员。从本书构思到执笔完成写作近两年时间里，我们几乎每月都在研讨社会组织参与社会治理的议题，开展了多次实地调研访谈，举行了多次线上线下讨论会，每一次观点交锋与访谈对话交错在春夏秋冬的四季画面中。就在本书写作成稿过程中，王凯文、应新安、陈天慧先后硕士毕业入选杭州、丽水、宁波等地选调生，虞志红博士毕业入选安徽省选调生，毕荟蓉博士生受国家留学基金委资助远赴美国明尼苏达大学开展公派研究生联培博士项目的交流学习。团队合作开启了新征程，他们将所掌握的理论研究成果指导应用于今后的党委政府实务工作，反过来，也将为团队研究带来新的实践素材。我还要感谢吴结兵、黄飚、吴昊岱、祝子航、彭婉莹、方昕宇、滕红燕等团队成员，他们或参与调研，或参与研讨，或收集、整理数据，为本书写作做出了积极贡献。

本书的研究与写作得到了众多学术专家的支持与帮助。感谢浙江大学郁建兴教授的学术指导和鼓励，他是本书定稿的最早读者，并欣然为本书作序，让我更加坚定持续在社会组织与社会治理研究领域探索拓展。感谢浙江工商大学周俊教授成为本书初稿的最早读者，并为本书的篇章逻辑与修改定稿提出了很多创造性意见建议。感谢清华大学王名教授、美国宾夕法尼亚大学郭超教授、中国慈善联合会刘忠祥副会长、浙江工商大学英贤慈善学院程刚院长在百忙之中抽出宝贵时间为本书写下精彩推荐语。感谢上海交通大学徐家良教授、美国明尼苏达大学程远教授、美国匹茨堡大学李华芳教授、澳大利亚弗林德斯大学张志斌教授、清华大学蓝煜昕副教授、浙江大学吴结兵教授与苗青教授、华东师范大学张冉教授、上海大学俞祖成教授、中央民族大学李健教授、浙江工商大学徐越倩教授，他们对本书提供了很多支持和帮助。

感谢民政部社会组织管理局、国家发改委体改司、全国工商联组织建设部，浙江省民政厅、四川省民政厅、浙江省工商联，杭州市民政局、广州市民政局，嘉兴市委市政府、宁波市鄞州区委区政府、温州市工商联为本书搜集素材提供了重要支持。感谢基金会中心网、微笑明天慈善基金会、绿色浙江、志愿汇、上海洋泾社区公益基金会、长兴县南太湖社会创新中心、宁波市鄞州区"鄞光溢彩"网络社会组织联合会、杭州市余杭区青山同心荟等为本书章节案例提供了原始素材。

在本书写作过程中，一些研究成果已经先期发表，它们是：

沈永东、虞志红.（2019）.政府资助影响社会组织非政府渠道筹资收入——基于中国 3016 家基金会的实证研究. 经济社会体制比较. 204（04）：128-137.

沈永东、虞志红.（2019）. 社会组织党建动力机制问题：制度契合与资源拓展 . 北京行政学院学报. 124(6)，13-21.（被中国人民大学报刊复印资料《中国共产党》2020 年第 2 期全文转载）

沈永东、应新安.（2020）. 行业协会商会参与社会治理的多元路径分析. 治理研究. 191(1)，16-23.

沈永东.（2020）. 将社会治理优势转化为疫情防控效能：浙江省社会组织参与疫情防控的政社共治经验. 中国非营利评论. 25(1)：34-38.

沈永东、陈天慧.（2021）. 多元主体参与基层社会治理的共治模式. 治理研究. 200(4)：82-89.

沈永东、毕荟蓉.（2021）. 数字治理平台提升政社共治有效性的多元机制：以"社会治理云"与"微嘉园"为研究对象. 经济社会体制比较. 218（6）：113-121.

沈永东、毕荟蓉.（2022）. 推动共同富裕进程中行业协会商会的新定位. 浙江工商大学学报. 172(1)：93-101.

Yongdong Shen，Jianxing Yu，Yong Li & Biao Huang.（2019）. Government Funding and Nonprofit Revenues in China：A Cross-Regional Comparison. Public *Performance & Management Review*，42（6），1372-1395.

Yongdong Shen，Jianxing Yu & Jun Zhou.（2020）. The Administration's Retreat and the Party's Advance in the New Era of Xi Jinping：The Politics of the Ruling Party，the Government，and Associations in China. *Journal of Chinese Political Science*，25（1），71-88.

Zhibin Zhang，Yongdong Shen & Jianxing Yu.（2020）. Combating COVID-19 Together：China's Collaborative Response and the Role of Business Associations. *Nonprofit and Voluntary Sector Quarterly*，49（6），1161-1172.

Jianxing Yu，Yongdong Shen & Yong Li.（2021）. Understanding the Effect of Central Government Funding on the Service and Advocacy Roles of Nonprofit Organizations in China：A Cross-Regional Comparison. *Nonprofit and Voluntary Sector Quarterly*，50（1），186-212.

在此，我要向发表这些论文的期刊表达最诚挚的谢意。

在本书付梓之际，我要特别感谢浙江大学出版社陈佩钰为本书的编辑出版付出的心血，其精益求精的工作态度让我甚为感动；感谢浙江省社会科学界联合会将本书列入"浙江省新型智库系列丛书"，感谢浙江大学将本书列入"求是智库"资助，感谢浙江省社会治理研究智库联盟将本书列入"社会治理创新研究系列丛书"。

最后需要指出的是，由于时间和学力所限，作者在过去十余年中全力以赴探寻社会组织参与社会治理之道，但书中肯定存在不当和错漏之处，所幸研究本身就是一个不断完善的过程,敬请读者不吝赐教,有以教我,共同推进中国社会组织参与社会治理创新大业。

沈永东

2022 年 11 月 1 日

图书在版编目(CIP)数据

社会组织参与社会治理创新:理论与实践/沈永东
著. —杭州:浙江大学出版社，2023.1(2025.4 重印)
ISBN 978-7-308-23178-7

Ⅰ.①社… Ⅱ.①沈… Ⅲ.①社会组织－参与管理－
社会管理－研究－中国 Ⅳ.①C916.1②D669.3

中国版本图书馆 CIP 数据核字(2022)第 194101 号

社会组织参与社会治理创新:理论与实践

沈永东　著

责任编辑	陈佩钰(yukin_chen@zju.edu.cn)
责任校对	许艺涛
封面设计	雷建军
出版发行	浙江大学出版社
	(杭州市天目山路 148 号　邮政编码 310007)
	(网址:http://www.zjupress.com)
排　　版	浙江时代出版服务有限公司
印　　刷	广东虎彩云印刷有限公司绍兴分公司
开　　本	710mm×1000mm　1/16
印　　张	15.25
字　　数	205 千
版 印 次	2023 年 1 月第 1 版　2025 年 4 月第 4 次印刷
书　　号	ISBN 978-7-308-23178-7
定　　价	88.00 元

版权所有　翻印必究　印装差错　负责调换

浙江大学出版社市场运营中心联系方式:0571－88925591;http://zjdxcbs.tmall.com